THE SIMPLE WAY TO LEARN ITALIAN

ELEONORA GIUSTI

All rights reserved.

Copyright © 2018 by Eleonora Giusti

No part of this book may be reproduced or transmitted in any form or by any means, electronic or mechanical, including photocopying, recording, or by any information storage and retrieval system, without permission in writing from the publisher.

This edition contains the complete text

of the original hardcover edition.

NOT ONE WORD HAS BEEN OMITTED.

THE SIMPLEST WAY TO LEARN ITALIAN

A Bad Creative Book / published by

arrangement with the author

BAD CREATIVE PUBLISHING HISTORY

The Simplest Way To Learn French published March 2016

The Simplest Way To Learn Spanish, published March 2017

UPCOMING WORKS

The Simplest Way To Learn Italian 2, 2019

ISBN-10: 1720804915 ISBN-13: 978-1720804918

Vol. 1

Vol. 2

ALSO AVAILABLE IN

- AUDIO
- HARDCOVER
- E-BOOK

FORMATS

SOCIAL #TheSimplestWay #LearnItalia #BadCreativ3

CONTENTS

[Chapter 1 - Basics](#)
[Chapter 2 - Food](#)
[Chapter 3 - Animals](#)
[Chapter 4 - Possessives](#)
[Chapter 5 - Clothing](#)
[Chapter 6 - Questions](#)
[Chapter 7 - Verbs](#)
[Chapter 8 – Preposition](#)

[Chapter 9 - Dates & Time](#)

[Chapter 10 - Family](#)
[Chapter 11 - Colori](#)
[Chapter 12 - Occupation](#)
[Chapter 13 - Measures](#)
[Chapter 14 - Household](#)
[Chapter 15 - Adjectives](#)
[Chapter 16 – Determiners](#)
[Chapter 17 - Adverbs](#)
[Chapter 18 - Objects](#)
[Chapter 19 - Places](#)
[Chapter 20 - People](#)
[Chapter 21 - Numbers](#)

[Contact info](#)

FOREWORD

While in school, we learnt stuff we probably don't use today. However, language is essential to almost every aspect of the human condition.

How do you expand your business beyond your continent for more sales? How are you going to express your love for that the beautiful Bambina that just walked past? How do you get directions to the magnificent Colliseum? With the knowledge of language, that's how.

This book contains a lexicon of some of the most used words in everyday Italian conversation. It makes use of the age-old learning techniques of repetition and rote memorization, in an attempt to condition the brain for learning Italian as quickly as possible. In addition, an auxillary feature called story mode has been included to aid the reader in a test for comprehension.

Finally, it should be noted that while this book will aid in a visual recognition and comprehension of words in the Italian language, students must also have an understanding of their proper pronunciations. To help with this, there is an accompanying audiobook that will be made available, in order to enable listening lessons.

And so, from the beautiful city of Milan, the city of love and all things fashionable, we present to you, The Simplest Way To Learn Italian.

HOW TO USE THIS BOOK

1. This line is the training line (or T-Line if you prefer)

TRAINING TIME

It represents the end of a set of 25 words to memorize.

2. You are required to cover the right side of the book & attempt to translate the left side, off hand.
3. Each correct translation carries 1 point. Words after the T-line but not up to 25, are considered as bonuses.
4. Do not proceed to the next batch until you have scored twenty-five points
5. The story modes are designed to help you understand the usage of the words in sentences, so be sure to score high on the training, in order to fully comprehend the stories.

Now that you know the rules,
Let us begin.

Chapter 1

BASICS

Keywords: Io, un, una, lui, lei, tu, sei, e, il, ragazzo, ragazza, uomo, donna, mela, mangia, bevo, mangio, acqua.

The	Il
The water	L'acqua
The apple	La mela
The boy	Il ragazzo
The girl	La ragazza
The man	L'uomo
The woman	La donna
The bread	Il pane
A man	Un uomo
A woman	Una donna
I am a man	Io sono un uomo
I am a boy	Sono un ragazzo
The woman eats the apple	La donna mangia la mela
The boy eats an apple	Il ragazzo mangia una mela
She	Lei
He is a boy	Lui è un ragazzo
She is a girl	Lei è una ragazza
I drink	Io bevo
You drink	Tu bevi
I eat	Io mangio
You eat	Tu mangi
She eats	Lei mangia
I eat sugar	Io mangio zucchero
He drinks	Lui beve
You are a woman	Tu sei una donna

TRAINING TIME

The women	Le donne
The book	Il libro
The newspaper	Il giornale
I read	Io leggo
I write	Io scrivo
You read	Voi leggete
You write	Tu scrivi
She reads	Lei legge
He reads	Lui legge
We write	Noi scriviamo
We drink	Noi beviamo
He writes a book	Lui scrive un libro
You drink the water	Voi bevete l'acqua
We drink water	Noi beviamo acqua
The women drink	Le donne bevono
The men drink water	Gli uomini bevono acqua
You are boys	Voi siete ragazzi
We are kids	Noi siamo ragazze
We are men	Noi siamo uomini
We are women	Noi siamo donne
We are men	Noi siamo uomini
You are men	Voi siete uomini
Do we drink milk?	Beviamo latte?
We drink milk	Noi beviamo latte
We drink water	Noi beviamo acqua

TRAINING TIME

The	Il
They	Essi
We, they	Noi, loro
Night	Notte
Afternoon	Pomeriggio
Hello!	Ciao!
English	Inglese
Italian	Italiano
I speak	Io parlo
Thank you, excuse me	Grazie, scusami
Bye, excuse me	Ciao, scusami
Do you speak English?	Parli inglese?
I am Dani, I speak English	Sono Dani, parlo inglese
Yes, excuse me	Si, Scusami
I am Martina, I speak Italian	Sono Martina, parlo italiano
Are they apples?	Sono mele?
He, she, us	Lui, lei, noi
Are they men?	Sono uomini?
Are they women?	Sono donne?
They are men	Loro sono uomini
They are women	Loro sono donne
They are girls	Loro sono ragazze
They read	Loro leggono
They write	Loro scrivono
They are women	Sono donne

TRAINING TIME

Thanks	Grazie
Yes	Sì
Hi	Ciao
Bye!	Ciao!
Good evening	Buonasera
Good morning	Buongiorno
Good night	Buonanotte
Good bye	Arrivederci
Good bye Salvatore	Arrivederci Salvatore
Good evening Giorgia	Buonasera Giorgia
Good night DiStefano	Buonanotte DiStefano
Thanks Sofia!	Grazie Sofia !
No, thank you	No, grazie
No, sorry	No, scusa
Please	Per favore
I am sorry	Io sono spiacente
In the sugar	Nello zucchero
I have an apple	Io ho una mela
I eat the sugar	Io mangio lo zucchero
The boys write	I ragazzi scrivono
The woman eats sugar	La donna mangia lo zucchero
I have a book	Io ho un libro
The men drink beer	Gli uomini bevono birra
I like you	mi piaci
I like women	Mi piacciono le donne

TRAINING TIME

We are women	Noi siamo donne
They are girls	Loro sono ragazze
I have the keys	Io ho le chiavi
They are not good	Non sono buoni
They read books	Loro leggono libri
They like pineapples	A loro piace l'ananas
The boys eat apples	I ragazzi mangiano mele
The man reads letters	L'uomo legge lettere
I read the words	Ho letto le parole
The girl eats apples	La ragazza mangia le mele
He reads the words	Lui legge le parole
The woman writes letters	La donna scrive lettere
She eats potatoes	Lei mangia le patate
They like bananas	A loro piacciono le banane
The girls are good	Le ragazze stanno bene
They drink wines	Bevono vini
You all are girls	Siete tutti ragazze
I write a book	Io scrivo un libro
You write a letter	Scrivi una lettera
I write letters	Io scrivo lettere
He writes books	Lui scrive libri
The boy writes a letter	Il ragazzo scrive una lettera
I read the newspaper	Io leggo il giornale
They read a book	Loro leggono un libro
They write a book	Loro scrivono un livro

TRAINING TIME

We read	Leggiamo
We drink	Beviamo
I am a person	Io sono una persona
You read a book	Leggi un libro
We read the newspaper	Noi leggiamo il giornale
He reads a book	Lui legge un libro
Dani is a person	Dani è una persona
Martina writes, Marco reads	Martina scrive, Marco legge
Alberto reads a book	Alberto legge un libro
Good morning, how are you?	Buongiorno, come stai?
I am a girl, I drink milk	Sono una ragazza, io bevo latte
You drink water	Bevi acqua
Why did i say that?	Perché l'ho detto?
We do not want an enemy	Non vogliamo un nemico
She asked and answered	Lei ha chiesto e ha risposto
Who wins?	Chi vince?
I have to wake up at six	Devo svegliarmi alle sei
It is give and take	È dare e avere
I fill up the bottle with water	Riempio la bottiglia con acqua
We do it	Noi facciamo
I make it	Io costruisco
I hear it	Ho sentito
I love them a lot	Li amo molto
She helps them	Lei li aiuta
My brother looks for them	Mio fratello li cerca

TRAINING TIME

STORY MODE

ENGLISH

Rebecca: "I'm ready to party with the guys from Rio, we'll leave tomorrow."

Martina: "Have you packed everything you need?"

Rebecca: "Yes, I have."

Martina: "How long will you be away?"

Rebecca: "About three or four months."

Martina: "What's in this bag?"

Rebecca: "Not much, some clothes, water and a computer."

Martina: "Have you thought of other things that will be needed once you arrive?"

Rebecca: "Things like what?"

Martina: "Things like a place to stay, where to eat, places to visit."

Rebecca: "No, not really."

Martina: "If you have not yet booked a place, you can still get a room at the Hotel Marina Palace. It's cheap and they serve fresh milk for breakfast.

For food and drinks, you can visit Acqua, a nice place in São Paulo. They also have a garden where you can sit down, eat bread and drink wine with both men and women.

At night, you should also visit Cambury Beach. There is always a crowd of happy people on the beach, looking for a good time.

And finally, to buy items, you can go to the Largo Da Ordem market. It opens on Saturdays, but most traders speak Portuguese.

Rebecca: "No problem, I can read a little Portuguese, I can also learn the language when I arrive."

Martina: "Will your sister go with you?"

Rebecca: "Yes, we will write a book together."

Martina: "And your father?"

Rebecca: "No, he will be at home reading the newspapers."

Martina: "All right, please bring some memories when you come back, thanks."

Rebecca: "Do not worry, I'll even send you a letter regularly, to keep you updated."

Martina: "Thanks, I would appreciate it."

A B C D E F G H I
J K L M N O P Q R
S T U V W X Y Z

ITALIAN

Rebecca: "Sono pronto a far festa con i ragazzi di Rio, partiremo domani."

Martina: "Hai impacchettato tutto ciò di cui hai bisogno?"

Rebecca: "Sì, ho."

Martina: "Quanto starai lontano?"

Rebecca: "Circa tre o quattro mesi."

Martina: "Cosa c'è in questa borsa?"

Rebecca: "Non molto, alcuni vestiti, acqua e un computer."

Martina: "Hai pensato ad altre cose che saranno necessarie una volta arrivato?"

Rebecca: "Cose come cosa?"

Martina: "Cose come un posto dove stare, dove mangiare, posti da visitare."

Rebecca: "No, non proprio."

Martina: "Se non hai ancora prenotato un posto, puoi comunque avere una camera all'Hotel Marina Palace, è economico e servono latte fresco a colazione.

Per cibo e bevande, puoi visitare Acqua, un bel posto a San Paolo. Hanno anche un giardino dove puoi sederti, mangiare pane e bere vino con uomini e donne.

Di notte, dovresti visitare anche Cambury Beach. C'è sempre una folla di persone felici sulla spiaggia, in cerca di un buon tempo.

E infine, per comprare oggetti, puoi andare al mercato di Largo Da Ordem. Si apre il sabato, ma la maggior parte dei commercianti parla portoghese.

Rebecca: "Nessun problema, posso leggere un po 'di portoghese, posso anche imparare la lingua quando arrivo."

Martina: "Tua sorella andrà con te?"

Rebecca: "Sì, scriveremo un libro insieme."

Martina: "E tuo padre?"

Rebecca: "No, sarà a casa a leggere i giornali."

Martina: "Va bene, per favore porta dei ricordi quando torni, grazie."

Rebecca: "Non ti preoccupare, ti manderò anche una lettera regolarmente, per tenerti aggiornato."

Martina: "Grazie, lo apprezzerei."

1 2 3 4 5 6 7 8 9
10 11 12 13 14 15
16 17 18 19 20 21
22 23 24 25

Chapter 2

FOOD

Keywords: Cioccolato, caramella, frutta, carota, cibo, birra, bottiglia, caffe, banana, ciotola, burro, colazione, manzo, pollo, cena, uovo, bevanda, formaggio, cucina, taglio, taglia, mangiano, mangiamo, uva, aglio, cuoco.

The fruit	La frutta
The fork	La forchetta
The hunger	La fame
The diet	La dieta
The breakfast	La colazione
The lunch	Il pranzo
The dinner	La cena
The bottle	La bottiglia
The glass	Il bicchiere
The butter	Il burro
The cup	La tazza
The bowl	La ciotola
The cake	La torta
The beer	La birra
The chicken	Il pollo
The egg	L'uovo
An egg	Un uovo
The beverage	La bevanda
The cheese	Il formaggio
A carrot	Una carota
The sauce	La salsa
The grape	L'uva
The garlic	L'aglio
The juice	Il succo
The drink	La bevanda

TRAINING TIME

The fish	Il pesce
The milk	Il latte
The coffee	Il caffè
The menu	Il menu
The meal	Il pasto
The plate	Il piatto
A banana	Una banana
I eat the chocolate	Io mangio il cioccolato
The boy eats the cookie	Il ragazzo mangia il biscotto
I eat the chocolate ice cream	Io mangio il gelato al cioccolato
I eat lunch	Io mangio il pranzo
I cook lunch	Io cucino il pranzo
It is not sour	Non è acido
The jam has an acidic taste	La marmellata ha un gusto acido
I cook the meat	Io cucino la carne
It is a kitchen	È una cucina
I drink a bottle	Io bevo una bottiglia
You drink milk	Voi bevete il latte
You drink coffee	Tu bevi caffè
You eat the fish	Voi mangiate il pesce
The man has the fork	L'uomo ha la forchetta
I eat the fried cheese	Io mangio il formaggio fritto
We eat	Noi mangiamo
We eat the breakfast	Noi mangiamo la colazione
The cook has the butter	Il cuoco ha il burro

TRAINING TIME

The woman eats fish	La donna mangia pesce
I eat the dinner	Io mangio la cena
The fish is the dinner	Il pesce è la cena
I do not eat cheese	Non mangio formaggio
They eat the fish	Loro mangiano il pesce
The cook cuts the beef	Il cuoco taglia il manzo
I cut the apple	Io taglio la mela
She cooks	Lei cucina
I cook fish	Io cucino pesce
The woman cuts the carrot	La donna taglia la carota
I cook the chicken	Io cocino il pollo
The cream boils	La crema bolle
The chocolate cream boils	La crema al cioccolato bolle
A pineapple and a beer	Un ananas e una birra
I cut the bread	Io taglio il pane
The food	Il cibo
The candy	La caramelle
I eat fruit	Io mangio frutta
He eats a bean	Lui mangia un fagiolo
The lemon	Il limone
The orange	L'arancia
She eats a banana	Lei mangia una banana
I eat a sweet cake	Io mangio una torta dolce
I eat the steak	Io mangio la bistecca
They eat jam	Mangiano la marmalleta

TRAINING TIME

The meat	La carne
The pork	Il maiale
The onion	La cipolla
The salt	Il sale
The sugar	Lo zucchero
The soup	La zuppa
The pasta	La pasta
The rice	Il riso
The restaurant	Il ristorante
The sandwich	Il panino
The tomato	Il pomodoro
The potato	La patata
I cook a potato	Io cucino una patata
I eat the jam	Io mangio la marmalleta
The men drink the lemonade	Gli uomini bevono la limonata
The chef cooks pork	Il cuoco cocina il maiale
I have a recipe in the book	Io ho una ricetta nel libro
She drinks oil	Lei beve olio
I do not drink oil	Non bevo olio
I do not have pepper	Io non ho pepe
We eat pasta	Noi mangiamo la pasta
I cook a potato	Eu cozinho uma batata
It is a sandwich	È un panino
He eats the salad	Lui mangia l'insalata
The chef has a sausage	Il cuoco ha una salsiccia

TRAINING TIME

The ingredient is salt	L'ingrediente è il sale
We have dinner at the restaurant	Noi ceniamo al ristorante
It is a turkey	È un tacchino
The women have lunch at the restaurant	Le donne pranzano al ristorante
The boy eats lunch	Il ragazzo pranza
The woman eats dinner	La donna cena
I eat a tomato	Io mangio un pomodoro
The cook eats lunch	Il cuoco pranza
I am not a waiter	Non sono un cameriere
We drink juice	Nos beviamo il succo
He cuts the bread	Lui taglia il pane
He reads the menu	Legge il menu
He eats a banana	Lui mangia una banana
Are you hungry?	Hai fame?
Do you like carrots?	Ti piacciono le carote?
The kitchen	La cucina
The beef	Il manzo
The wine	Il vino
The juice	Il succo
The grill	La griglia
The strawberry	La fragola
I cook and you eat	Io cucino e tu mangi
I eat an egg	Mangio un uovo
He is not vegetarian	Lui non è vegetariano
The cook cooks the mushrooms	Il cuoco cucina i funghi

TRAINING TIME

Bitter	Amaro
A lemon	Un limone
The farm	La fattoria
He eats the vegetables	Lui mangia la verdura
The waiter has the wine	Il cameriere ha il vino
We eat the mushrooms	Noi mangiamo i funghi
I eat fish	Io mangio pesce
I do not eat cheese	Io non mangio il formaggio
The girl drinks tea	La ragazza beve un tè
The girl is hungry	La ragazza ha fame
The ingredient is the jam	L'ingrediente è la marmellata
The flavor is not sweet	Il gusto non è dolce
The taste is sweet	Il gusto è dolce
You eat the ice	Tu mangi il ghiaccio
The boy eats cheese	Il ragazzo mangia formaggio
I like cake	Mi piace la torta
I like salad with oil	Mi piace l'insalata con l'olio
We eat pineapple	Mangiamo l'ananas
We eat an apple	Noi mangiamo una mela
The knife	Il coltello
The spoon	Il cucchiao
Do you drink coffee?	Bevi il caffè?
He has water	Lui ha dell'acqua
He has an apple	Lui ha una mela
He eats a cookie	Lui mangia un biscotto

TRAINING TIME

The girl eats fruit	La ragazza mangia frutta
The girl eats pasta with pepper	La ragazza mangia pasta con pepe
The woman likes pasta with pepper	Alla donna piace la pasta con il pepe
Do you eat potato?	Mangi patata?
The girl drinks orange juice	La ragazza beve succo d'arancia
The girls eat rice	Le ragazze mangiano riso
The man likes rice with pepper	L'uomo ama il riso con pepe
I have a book	Io ho un libro
I like chocolate	Mi piace il cioccolato
He likes chocolate with pepper	Gli piace il cioccolato con pepe
I like cookies	Mi piacciono i biscotti
He likes tea	Gli piace il tè
We eat a sandwich	Mangiamo un panino
The milk boils	Il latte bolle
The food is good	Il cibo è buono
He drinks lemonade	Beve limonata
It is a meal	È un pasto
It is the food!	È il cibo!
I do not drink sour milk	Non bevo latte acido
He writes with joy	Scrive con gioia
The wines are good	I vini sono buoni
I eat sugar	Mangio zucchero
Is the milk sour?	Il latte è acido?
Do you eat strawberry?	Mangi la fragola?
I like steak	Mi piace la bistecca

TRAINING TIME

No, Francesca does not eat fish	No, Francesca non mangia pesce
Victoria eats rice	Victoria mangia riso
Milk, egg, fish	Latte, uova, pesce
I cook fish	Cucino pesce
The orange is a fruit	L'arancia è un frutto
Dani eats fruit	Dani mangia frutta
No, Marco does not drink wine, he drinks juice	No, Marco non beve vino, beve succo di frutta
It is a tomato	È un pomodoro
I eat pasta	Io mangio pasta
I cook pasta	Io cucino la pasta
Yes, it is juice	Sì, è un succo
The girls eat fruit	Le ragazze mangiano frutta
We drink juice	Beviamo il succo
Yes, the tomato	Sì, il pomodoro
The orange, the apple	L'arancia, la mela
I do not cook pasta, I cook rice	Non cucino la pasta, cucino il riso
The girl eats strawberries	La ragazza mangia le fragole
No, it is not a strawberry, it is a tomato	No, non è una fragola, è un pomodoro
Clarisse does not eat strawberries	Clarisse non mangia le fragole
Alberto does not eat sauce	Alberto non mangia salsa
Tea, water, sugar	Tè, acqua, zucchero
I eat sandwiches	Mangio panini
We eat strawberries	Mangiamo fragole
It is a sandwich	È un panino
You eat sandwiches	Mangi panini

TRAINING TIME

No, Marco is not vegetarian	No, Marco non è vegetariano
A strawberry, an apple, a fruit	Una fragola, una mela, un frutto
The boy eats strawberries	Il ragazzo mangia le fragole
Yes, Martina is vegetarian	Sì, Martina è vegetariana
Do vegetarians drink beer?	I vegetariani bevono birra?
Martina is a vegetarian, she does not eat fish	Martina è vegetariana, non mangia pesce
I am vegetarian, I don't eat chicken	Sono vegetariano, non mangio pollo
It is soup	È zuppa
It is a lemon	È un limone
It is the food	È il cibo
The tomato, the potato, the cheese	Il pomodoro, la patata, il formaggio
I cook fish	Io cucino pesce
Tomato, onion, soup	Pomodoro, cipolla, zuppa
The egg, the cheese	L'uovo, il formaggio
I cook meat	Io cucino carne
The lunch	Il pranzo
I eat lunch	mangio il pranzo
I eat meat	Io mangio carne
Fish, meat, chicken	Pesce, carne, pollo
Egg, chicken, rice	Uovo, pollo, riso
I do not want lettuce	Non voglio lattuga
Our grapes	Le nostre uve
A carrot and an apple	Una carota e una mela
The soup is for Mateo	La zuppa è per Mateo
I do not want lettuce in my salad	Non voglio lattuga nella mia insalata

TRAINING TIME

No, they are not grapes	No, non sono uva
Yes, the mushrooms are red	Sì, i funghi sono rossi
She drinks water or milk	Beve acqua o latte
The carrot, the carrots	La carota, le carote
The salads, the mushrooms, the carrots	Le insalate, i funghi, le carote
Alberto eats mushrooms	Alberto mangia i funghi
Silvia and Martina are vegetarians	Silvia e Martina sono vegetariani
Dani and i eat meat	Dani e io mangio carne
Marco and i do not drink beer	Marco e io non beviamo birra
I want mushrooms in my salad	Voglio funghi nella mia insalata
Yes, it is salad	Sì, è un'insalata
We eat pineapples	Mangiamo ananas
The grape that i want is red	L'uva che voglio è rossa
And the pineapples?	E gli ananas?
She eats a banana	Lei mangia una banana
The cakes	Le torte
Do you need more corn?	Hai bisogno di più mais?
I drink when I want	Bevo quando voglio
If I do not cook, I do not eat	Se non cucino, non mangio
I want a banana	Voglio una banana
The white cake is mine	La torta bianca è mia
Is it a pineapple?	È un ananas?
I want more bananas	Voglio più banane
I eat because you eat	Mangio perché mangi
The sauce, the tomato, the onion	La salsa, il pomodoro, la cipolla

TRAINING TIME

Ice cream	Gelato
I have the coffee ice cream	Io ho il gelato al caffè
The meal	Il pasto
The bean	Il fagiolo
The mushrooms	I funghi
The pineapples are ours	Gli ananas sono nostri
She is eating one banana	Lei sta mangiando una banana
I want tuna in my salad	Voglio il tonno nella mia insalata
The turkey is not ours	Il tacchino non è nostro
Do you need more ice?	Hai bisogno di più ghiaccio?
I do not eat pasta	Io non mangio la pasta
I speak while I eat	Parlo mentre mangio
Tuna, meat and chicken	Tonno, carne e pollo
I do not want turkey, thanks	Non voglio il tacchino, grazie
I read a menu while I eat	Leggo un menu mentre mangio
It is ice, not sugar	È ghiaccio, non zucchero
The butter and the oil	Il burro e l'olio
Oil and salt	Olio e sale
Do you eat pepper?	Mangi il pepe?
I want pasta without cheese	Voglio pasta senza formaggio
I do not eat garlic	Non mangio aglio
She drinks wine even though she does not drink beer	Beve vino anche se non beve birra
Alessio eats rice with cheese	Alessio mangia riso con formaggio
The oil is yellow	L'olio è giallo
With lettuce	Con lattuga

TRAINING TIME

STORY MODE

ENGLISH

Andrea: "What do we eat for breakfast?"

Gabriella: "Carrot cake."

Andrea: "Is it a salad?"

Gabriella: "No, it's a real cake, it's made with carrots."

Andrea: "It looks delicious, I would like to eat a cake made with bananas, oranges, strawberries or even pineapples... What about lunch?"

Gabriella: "Rice and tuna dipped in garlic sauce."

Andrea: "No, I do not want that. What other food do you have in your fridge?"

Gabriella: "Nothing more, just some tomatoes, fish, chicken, cheese, onions and some eggs, I also have to go shopping for some items."

ITALIAN

Andrea: "Cosa mangiamo per colazione?"

Gabriella: "Torta di carote."

Andrea: "È un'insalata?"

Gabriella: "No, è una vera torta, è fatta con le carote."

Andrea: "Sembra delizioso, mi piacerebbe mangiare una torta fatta con banane, arance, fragole o addirittura ananas, e il pranzo?"

Gabriella: "Riso e tonno immersi nella salsa all'aglio."

Andrea: "No, non voglio quello. Quale altro cibo hai nel tuo frigo?"

Gabriella: "Niente di più, solo un po 'di pomodori, pesce, pollo, formaggio, cipolle e qualche uovo, devo anche andare a fare la spesa per alcuni oggetti."

Chapter 3

ANIMALS

Keywords: Balena, elefante, lupo, mucca, insetto, gatto, serpente, anatra, squalo, mosca, formica, animale.

The bull	Il toro
The horse	Il cavallo
The bird	L'uccello
The turtle	La tartaruga
The lion	Il leone
The dog	Il cane
The cat	Il gatto
The elephant	L'elefante
The duck	L'anatra
The spider	Il ragno
The bear	L'orso
The rabbit	Il coniglio
The pig	Il maiale
The monkey	La scimmia
The dolphin	Il delfino
A cow	Una mucca
A bee	Un'ape
An insect	Un insetto
A whale	Una balena
She has a cat	Lei ha un gatto
It is a wolf	È un lupo
It is a penguin	È un pinguino
The monkey is in the zoo	La scimmia è nello zoo
You are a tiger	Tu sei una tigre
The chicken is a bird	Il pollo è un uccello

TRAINING TIME

The dog drinks water	Il cane beve acqua
The cow drinks milk	La mucca beve latte
The cats drink water	I gatti bevono acqua
The cats drink milk	I gatti bevono latte
The elephant drinks milk	L'elefante beve latte
The birds eat fruit	Gli uccelli mangiano frutta
The monkey eats a banana	La scimmia mangia una banana
The cow drinks water	La mucca beve acqua
The spider drinks water	Il ragno beve acqua
I am a butterfly	Sono una farfalla
I am an insect	Sono un insetto
The snake eats the mouse	Il serpente mangia il topo
The shark eats	Lo squalo mangia
The fly is in the glass	La mosca è nel bicchiere
I have the bee	Ho l'ape
I have the bear	Ho l'orso
The bee eats the sugar	L'ape mangia lo zucchero
The dog eats an ant	Il cane mangia una formica
They do not like horses	A loro non piacciono i cavalli
It is a mouse!	È un topo!
The elephant eats an apple	L'elefante mangia una mela
The girl speaks with the tiger	La ragazza parla con la tigre
The wolf talks to the girl	Il lupo parla con la ragazza
The snake talks to the boy	Il serpente parla al ragazzo
The tiger eats bread	La tigre mangia pane

TRAINING TIME

The fly eats bread	La mosca mangia pane
The ant reads a book	La formica legge un libro
The animal	L'animale
The cats drink milk	I gatti bevono latte
The horse drinks water	Il cavallo beve acqua
The bird drinks water	L'uccello beve l'acqua
A horse is an animal	Un cavallo è un animale
The wolf drinks milk	Il lupo beve latte
Yes, the dogs	Sì, i cani
I like cats	Mi piacciono i gatti
Insects eat chocolate	Gli insetti mangiano cioccolato
Flies eat chocolate	Le mosche mangiano cioccolato
Insects drink water	Gli insetti bevono acqua
Flies are insects	Le mosche sono insetti
Are they cats?	Sono gatti?
It is an ant	È una formica
Yes, they are elephants	Sì, sono elefanti
Juan is a turtle	Juan è una tartaruga
Alberto is a duck	Alberto è un'anatra
Fernando is an elephant	Fernando è un elefante
The elephants drink water	Gli elefanti bevono acqua
We are turtles	Siamo tartarughe
They are crabs, not spiders	Sono granchi, non ragni
A bear is an animal	Un orso è un animale
The birds	Gli uccelli

TRAINING TIME

STORY MODE

ENGLISH

Clarisse: "Thank you for taking me to the zoo, there are so many animals here, I can see lions, horses, elephants, monkeys, bears, rabbits and birds."

Alberto: "Look there, that giant spider is called the tarantula, and in the water, there are big turtles, ducks, crabs and dolphins."

Clarisse: "Are there also penguins?"

Alberto: "I doubt it, the penguin is an Arctic animal, so it's more likely to be in the frozen regions."

Clarisse: "You know a lot about animals, do you have a pet?"

Alberto: "No more. Once I had a mouse, and then a pig, but my sister ate it. Then there was a dog that loved to chase the neighbor's cat, but it got sick and died."

Clarisse: "Which animals are your favorites?"

Alberto: "The animals I like best are the ones I can eat or drink, especially chickens and cows. The ones I hate the most are snakes and bees."

ITALIAN

Clarisse: "Grazie per avermi portato allo zoo, ci sono così tanti animali qui, posso vedere leoni, cavalli, elefanti, scimmie, orsi, conigli e uccelli."

Alberto: "Guarda lì, quel ragno gigante è chiamato la tarantola, e nell'acqua ci sono grandi tartarughe, anatre, granchi e delfini."

Clarisse: "Ci sono anche i pinguini?"

Alberto: "Ne dubito, il pinguino è un animale artico, quindi è più probabile che si trovi nelle regioni ghiacciate."

Clarisse: "Conosci molto degli animali, hai un animale domestico?"

Alberto: "Non più, una volta avevo un topo e poi un maiale, ma mia sorella lo mangiava, poi c'era un cane che amava inseguire il gatto del vicino, ma si ammalò e morì."

Clarisse: "Quali animali sono i tuoi preferiti?"

Alberto: "Gli animali che mi piacciono di più sono quelli che posso mangiare o bere, soprattutto i polli e le mucche, quelli che odio di più sono i serpenti e le api."

Chapter 4

POSSESSIVES

Keywords: Mio, tuo, suoi, nostre, miei, sua, tuoi, tue, sue,

It is not mine	Non è la mia
I eat my sandwich	Io mangio il mio panino
My cats drink milk	I miei gatti bevono latte
The dogs are mine	I cani sono miei
The dog is mine	Il cane è mio
My apples are on the plate	Le mie mele sono nel piatto
She is my girl	Lei è la mia ragazza
The cat is not mine	Il gato non è mio
Is it yours?	È tuo?
We drink yours	Noi beviamo le tue
Your sandwiches	I tuoi panini
The kitchen is yours	La cucina è tua
He has your plate	Lu ha il tuo piatto
Your kitchen has a bowl	La tua cucina ha una ciotola
I am eating yours	Io mangio i tuoi
Your salt	Il tuo sale
The forks are yours	Le forchette sono le tue
I eat your sandwiches	Io mangio i tuoi panini
Her pasta is in the plate	La sua pasta è nel piatto
The candies are hers	Le caramelle sono le sue
His horse eats the rice	Il suo cavallo mangia il riso
I have his bottles	Io ho le sue bottiglie
The fork is hers	La forchetta è la sua
Your butterflies	Le tue farfalle
The oil is his	L'olio è suo

TRAINING TIME

The animal eats its food	L'animale mangia il suo cibo
It is ours	È nostro
We write in our menu	Noi scriviamo nel nostro menu
Our pasta is in the plate	La nostra pasta è nel piatto
The horses are not ours	I cavalli non sono i nostri
The bee is ours	L'ape è la nostra
The cats are ours	Le gatte sono le nostre
His cats eat the mouse	I suoi gatti mangiano il topo
I have our cow	Io ho la nostra mucca
She eats her own candy	Lei mangia la propria caramella
Your knife does not cut	Il vostro coltello non taglia
Our cats do not drink water	I nostri gatti non bevono acqua
He has his own cats	Lui ha i propri gatti
The woman has your glasses	La donna ha i vostri bicchieri
We eat our cakes	Noi mangiamo le nostre torte
I do not have your bottles	Io non ho le vostre bottiglie
The animal eats its own food	L'animale mangia il proprio cibo
The boy eats his own cookies	Il ragazzo mangia i propri biscotti
Your duck drinks water	La tua anatra beve acqua
Your animals eat more meat	I tuoi animali mangiano più carne
My dad drinks wine	Mio padre beve vino
The apples are ours	Le mele sono nostre
I want my bread	Voglio il mio pane

TRAINING TIME

STORY MODE

ENGLISH

"The dress is similar to mine." Miss Alessia said.

"Most of the clothes in our store are similar with some minor differences ... Look, this has red ribbons, while yours is blue." Mr. Laurent answered.

"Look at that man for example, he also bought something similar for his daughter but it has a pocket."

"I understand, you're right." Miss Alessia said.

ITALIAN

"L'abito è simile al mio." Disse Miss Alessia.
"La maggior parte dei vestiti nel nostro negozio sono simili con alcune piccole differenze ... Guarda, questo ha dei nastri rossi, mentre il tuo è blu." Il signor Laurent rispose.
"Guarda quell'uomo, ad esempio, ha anche comprato qualcosa di simile per sua figlia ma ha una tasca."
"Capisco, hai ragione." Disse Miss Alessia.

Chapter 5

CLOTHING

Keywords: Divisa, gioelleria, abiti, maglione, vestito, abbigliamento, scarpa, pantaloni, borsa, cintura, guanti, camicie, stivale, calze, tasche, capelli, giacca, sandalo.

The pants	I pantaloni
The tie	La cravatta
The belt	La cintura
The costume	Il costume
The skirt	La gonna
The shirt	La camicia
The shoes	La scarpa
The clothes	I vestiti
The handbag	La borsa
The hat	Il capello
The hats	I capelli
The hat is purple	Il cappello è viola
The dress	Il vestito
The pockets	Le tasche
My shoe	La mia scarpa
Her pants	I suoi pantaloni
He has my coat	Lui ha il mio cappotto
My shirts	Le mie camicie
My jacket is brown	La mia giacca è marrone
I have your belt	Io ho la cintura
My pants	I miei pantaloni
I have a skirt	Io ho una gonna
I have shirts	Io ho camicie
I have your shoes	Io ho le tue scarpe
The knife is in the boot	Il coltello è nello stivali

TRAINING TIME

The coat	Il cappotto
The jacket	La giacca
The boot	Lo stivale
A uniform	Una divisa
A stocking	Una calza
A sweater	Un maglione
The suit	L'abito
I have an umbrella	Io ho un ombrello
The wallets are ours	I portafogli sono nostri
I have my wallet	Io ho il mio portafoglio
I have the jewelery	Io ho la gioielleria
She buys the boots	Lei compra gli stivali
A blue shoe	Um sapato azul
My sandals	I miei sandali
The gloves are yours	I guanti sono i tuoi
The man has the leather	L'uomo ha il cuoio
It is a sandal	È un sandalo
His socks	Le sue calze
It is a skirt	È una gonna
Her skirts are red	Le sue gonne sono rosse
Our shirts	Le nostre magliette
You need a white skirt	Hai bisogno di una gonna bianca
The dress is his	Il vestito è suo
The book is black	Il libro è nero
He eats red meat	Mangia carne rossa

TRAINING TIME

STORY MODE

ENGLISH

Niko: "Those shoes are very beautiful, they seem expensive."

Rebecca: "Yes, I needed new clothes, so today I went shopping."

Niko: "Fantastic! what else did you buy?"

Rebecca: "First, I bought a new dress for work and the yellow belt I was looking for last summer. Then I bought pants, a white dress, a coat for my mother and a pair of shirts for my father. As I left, I saw the boots under a pair of skirts, and decided to get them for you, along with a sweater."

Niko: "Thank you very much, I appreciate it."

"Today is very windy." Miss Alessia said as they left the mall.

"This is a sign that summer is ending." Laurent answered.

"I wish I had a jacket and a pair of socks."

"I think I have some socks in my bag." Mr. Laurent said.

"Do not worry, I can buy one in that other clothing store, I can see some good glasses for sale at the window!"

ITALIAN

Niko: "Quelle scarpe sono molto belle, sembrano costose."

Rebecca: "Sì, avevo bisogno di vestiti nuovi, così oggi sono andato a fare shopping."

Niko: "Fantastico, cos'altro hai comprato?"

Rebecca: "Per prima cosa, ho comprato un vestito nuovo per il lavoro e la cintura gialla che stavo cercando l'estate scorsa, poi ho comprato i pantaloni, un vestito bianco, un cappotto per mia madre e un paio di camicie per mio padre.

Mentre me ne andavo, vidi gli stivali sotto un paio di gonne e decisi di prenderli per te, insieme a un maglione."

Niko: "Grazie mille, lo apprezzo."

"Oggi è molto ventoso." Disse Miss Alessia mentre lasciavano il centro commerciale.

"Questo è un segno che l'estate sta finendo." Laurent rispose.

"Vorrei avere una giacca e un paio di calzini."

"Penso di avere dei calzini nella mia borsa." Il signor Laurent ha detto.

"Non ti preoccupare, posso comprarne uno in quell'altro negozio di abbigliamento, posso vedere degli ottimi occhiali in vendita alla finestra!"

Chapter 6

QUESTIONS

Keywords: Qual, cos', dov', chi, cosa, perché, quanti, come.

Question	Domanda
Which?	Quale?
Who?	Chi?
What?	Cosa?
Why?	Perché?
Where?	Dove?
How much is it?	Quanto costa?
How many girls eat?	Quante ragazze mangiano?
How much bread do you eat?	Quanto pane mangi?
How much meat	Quanta carne?
How many boys eat fish?	Quanti ragazzi mangiano pesce?
Which is the dog?	Qual è il cane?
How?	Como?
How do you write a letter?	Come scrivi una lettera?
Who reads?	Chi legge?
What is it?	Che cos' è?
Which is it?	Cos'è questo?
Which is your penguin?	Qual è il tuo pinguino?
Where is the snake?	Dov'è il serpente?
Where is the cook?	Dov'è il cuoco?
Where is the zoo?	Dov'è lo zoo?
Which men read the newspaper?	Quali uomini leggono il giornale?
Who is the boy?	Chi è il ragazzo?
Who is Marco?	Chi è Marco?
Who are you?	Tu chi sei?

TRAINING TIME

Which?	Qual?
What?	Qual?
How?	Quanto?
Which apples?	Quali mele?
Which boy?	Quale ragazzo?
What am I?	Cosa sono?
What do you read?	Cosa leggi?
Who drinks milk?	Chi beve latte?
Which turtles?	Quali tartarughe?
What's your question?	Qual'è la tua domanda?
He reads the question	Legge la domanda
How many books are ours?	Quanti libri ci sono?
Where are the questions?	Dove sono le domande?
Your question has no answer	La tua domanda non ha una risposta
Where are you?	Dove sei?
When do you eat?	Quando mangi?
My answer is no	La mia risposta è no
The answer is yes	La risposta è si
Since when?	Da quando?
Who are you with?	Con chi sei?
How old is he?	Quanti anni ha?
Why is he late?	Perché è in ritardo?
How many girls eat?	Quante ragazze mangiano?
I have a question	Ho una domanda
Which is your book?	Qual è il tuo libro?

TRAINING TIME

STORY MODE

ENGLISH

"Hi, Miss Solange, this is Niko, a food research consultant who conducts research for Simpleway Labs, and today I'd like to ask you a few questions if you do not mind."

""Sure, proceed."

"Thank you."

"First question, do you eat at least three times a day?"

"Yes."

"When do you feel hungriest?"

"In the morning, that's why I never miss breakfast."

"Where do you have breakfast?"

"On the way to work."

"What do you prefer, eggs and bacon or vegetarian sandwiches?"

"Eggs and bacon, I'm not a vegetarian."

"How do you like eggs? Cooked, fried or scrambled?"

"I like to boil, especially before going to the gym. Other times I like to fry."

"What brand of eggs do you buy?"

"SW eggs."

"How many boxes do you buy in a month?"

"Seven."

"How much does a box cost?"

"Ten dollars."

"Do you watch any egg cooking programs?"

"Yes."

"What is your favorite and why?"

"I do not have a particular favorite, but I like Bernado's eggs."

"Thank you for your time."

ITALIAN

"Ciao, signorina Solange, questa è Niko, una consulente di ricerca alimentare che conduce ricerche per Simpleway Labs, e oggi vorrei farti qualche domanda se non ti dispiace."

"Certo, continua."

"Grazie."

"Prima domanda, mangi almeno tre volte al giorno?"

"Sì."

"Quando ti senti più affamato?"

"Al mattino, ecco perché non mi manca mai la colazione."

"Dove fai colazione?"

"Sulla strada per il lavoro."

"Cosa preferisci, uova e pancetta o panini vegetariani?"

"Uova e pancetta, non sono vegetariana."

"Come ti piacciono le uova? Cotte, fritte o strapazzate?"

"Mi piace bollire, soprattutto prima di andare in palestra, altre volte mi piace friggere."

"Che marca di uova comprate?"

"Uova SW."

"Quante scatole comprate in un mese?"

"Sette."

"Quanto costa una scatola?"

"Dieci dollari."

"Vedi programmi di cottura delle uova?"

"Sì."

"Qual è il tuo preferito e perché?"

"Non ho un particolare favorito, ma mi piacciono le uova di Bernado."

"Grazie per il tuo tempo."

"Benvenuto."

Chapter 7

VERBS

Keywords: Posso, passi, porta, fai, piace, stai, capisco, voglio, conosciamo, metto, pensano, prende, parlano, sento, entra.

I drink	Io bevo
How are you?	Come stai?
I want a tomato soup	Voglio una zuppa di pomodoro
No, you can't	No, non potete
Who is coming to the restaurant?	Chi viene al ristorante?
You make a sandwich	Tu fai un panino
We have a kitchen	Abbiamo una cucina
They have books	Hanno libri
I have a knife	Io ho un coltello
They are men	Loro sono uomini
I am a girl	Io sono una ragazza
How many of you are there?	Quanti siete?
We are boys	Noi siamo ragazzi
The man goes	L'uomo va
I don't know	Non lo so
The woman gives cookies to the boy	La donna dà i biscotti al ragazzo
I can't find the girl	Non trovo la ragazza
The horse sees the cat	Il cavallo vede il gatto
I know the women	Conosco le donne
The boy says hello	Il ragazzo dice ciao
She takes my sugar	Lei prende il mio zucchero
The coffee arrives	Arriva il caffè
She speaks	Lei parla
He speaks	Lui parla
I ask for a steak	Chiedo una bistecca

TRAINING TIME

She wears my shoes	Lei porta le mie scarpe
I do not put sugar in tea	Io non metto lo zucchero nel tè
They do not think	Loro non pensano
The men think	Gli uomini pensano
When does the bread arrive?	Quando arriva il pane?
I do not understand why	Non capisco perchè
The animal remains in the zoo	L'animale rimane nello zoo
We hear the bird	Sentiamo l'uccello
She leaves a candy	Lei lascia una caramella
The coffee becomes sweet	Il caffè diventa dolce
Where do you keep the bread?	Dove tenete il pane?
We believe	Noi crediamo
She leaves the boy	Lei lascia il ragazzo
I use the spoon	Uso il cucchiaio
I remember the menu	Io ricordato il menu
How do they live?	Come vivono?
You eat	Tu mangi
You work	Tu lavori
You enter?	Voi entrate?
You open the books	Voi aprite i libri
You wait	Voi aspettate
You drink	Tu bevi
He finishes dinner	Lui finisce la cena
How do you finish the cake?	Come finisci la torta?
We finish the cake	Finiamo la torta

TRAINING TIME

The woman eats fish	La donna mangia pesce
The lion likes the meat	Al leone piace la carne
I eat an apple	Io mangio una mela
We drink	Noi beviamo
You talk to Filippo	Tu parli con Filippo
You need what?	Hai bisogno di cosa?
We wait for the beverage	Aspettiamo la bevanda
I need you	Ho bisogno di te
I need a horse	Ho bisogno di un cavallo
I speak	io parlo
She leaves the coat	Lei lascia il cappotto
The woman passes the man	La donna passa l'uomo
They need clothes	Hanno bisogno di vestiti
She needs a coat	Ha bisogno di un cappotto
I like sugar	Mi piace lo zucchero
The girl waits for lunch	La ragazza aspetta il pranzo
You talk to Sara	Parli con Sara
We need you	Abbiamo bisogno di te
We do not speak	Non parliamo
She looks and reads	Lei guarda e legge
She does not find her keys	Lei non trova le sue chiavi
He arrives with the snake	Lui arriva con il serpente
We like pineapples	Ci piacciono gli ananas
He brings potatoes	Lui porta le patate
He brings bread	Lui porta il pane

TRAINING TIME

We follow you	Ti seguiamo
She walks	Lei cammina
I forgive you	Ti perdono
They love coffee	Amano il caffè
The girl puts on the dress	La ragazza si mette il vestito
He follows the man	Lui segue l'uomo
He loves animals	Ama gli animali
She stops	Lei si ferma
He tries	Lui prova
I return	ritorno
The lion feels hungry	Il leone si sente affamato
They find the spoon	Trovano il cucchiaio
We arrive	Arriviamo
The horses stop	I cavalli si fermano
We look at the menu	Guardiamo il menu
They open the books	Aprono i libri
They like apples	A loro piacciono le mele
I open the can	Apro la scatola
I move	Mi muovo
He pays	Lui paga
The boy forgets the belt	Il ragazzo dimentica la cintura
He departs	Lui parte
She buys shoes	Lei compra le scarpe
He shows his cards	Mostra le sue carte
He sleeps and I cook	Lui dorme e io cucino

TRAINING TIME

Have	Avere
Write	Scrivi
I run	Io corro
You run	Tu corri
I sleep	Io dormo
They pay	Loro pagano
We sleep	Noi dormiamo
I play with Paulinho	Io gioco con Paulinho
I do not buy salad	Non compro insalata
They play	Loro giocano
We play with the horses	Giochiamo con i cavalli
She reads a book	Lei legge un libro
The man wins a belt	L'uomo vince una cintura
The girl asks	La ragazza chiede
I keep the fantasy	Io mantengo la fantasia
The man likes rice with pepper	L'uomo ama il riso con pepe
I show my costume	Mostro il mio costume
He does not change	Lui non cambia
He keeps the farm	Lui mantiene la fattoria
She presents the secretary	Lei presenta la segretaria
He introduces the woman	Lui presenta la donna
He does not exist	Lui non esiste
They appear at night	Appaiono di notte
The girl tries the soup	La ragazza prova la zuppa
You take coffee to the director	Porta il caffè al regista

TRAINING TIME

I dream about books	Sogno di libri
He produces onion	Lui produce cipolla
They taste the rice	Assaggiano il riso
Students present their work	Gli studenti presentano il loro lavoro
They produce bread	Producono il pane
It seems familiar	Sembra famiglio
She counts on her family	Lei conta sulla sua famiglia
She searches for her mother	Lei cerca sua madre
The lunch starts in a minute	Il pranzo inizia tra un minuto
He does not count	Lui non conta
I respect the drivers	Rispetto i piloti
The shoes do not fit	Le scarpe non si adattano
The deadline ends on Friday	La scadenza termina il venerdì
We count on you	Contiamo su di te
I start today	Inizio oggi
They seem natural	Sembrano naturali
We respect your generation	Rispettiamo la tua generazione
She signs	Lei firma
Why don't you come in?	Perché non vieni?
He serves rice	Lui serve riso
The door does not shut	La porta non si chiude
The party depends on the architect	La festa dipende dall'architetto
We steal the crib	Rubiamo la culla
It does not matter when you come	Non importa quando vieni
They sign the book	Firmano il libro

TRAINING TIME

The boys close the window	I ragazzi chiudono la finestra
They import your structure	Importano la tua struttura
Where do I sign?	Dove devo firmare?
He serves coffee	Lui serve il caffè
The door does not shut	La porta non si chiude
You choose the size	Scegli la taglia
If he hears you	Se ti sente
There is a dog in the house	C'è un cane in casa
He submits an answer	Invia una risposta
Do you sit on the floor?	Ti siedi sul pavimento?
My children learn fast	I miei figli imparano velocemente
We turn to the teacher	Ci rivolgiamo all'insegnante
I listen because you speak	Io ascolto perché parli
Don't they listen?	Non ascoltano?
My sister learns the colors	Mia sorella impara i colori
A girl answers	Una ragazza risponde
You lie	Tu menti
He explains the profession	Lui spiega la professione
Do you prefer apples or bananas?	Preferisci mele o banane?
I don't lie	Non mento
I offer him juice	Gli offro del succo
The animals don't lie	Gli animali non mentono
I move the fridge	Io sposto il frigo
The boy grows	Il ragazzo cresce
The baby cries	Il bambino piange

TRAINING TIME

I agree	Io sono d'accordo
We agree	Siamo d'accordo
I sing	Io canto
I fly	Io volo
I study	Io studio
He laughs	Lui ride
Tomorrow I explain why	Domani spiego perché
We build a family	Costruiamo una famiglia
We thank the judge	Noi ringraziamo il giudice
They study in the afternoon	Studiano nel pomeriggio
She lives in a large house	Lei vive in una grande casa
We hit a man	Abbiamo colpito un uomo
The secretary offers coffee	La segretaria offre il caffè
The knife hits the wall	Il coltello colpisce il muro
They live in a big house	Vivono in una grande casa
I offer her pasta	Offro la sua pasta
The knife hits the man	Il coltello colpisce l'uomo
We burn the cake	Bruciamo la torta
The girls study together	Le ragazze studiano insieme
I suppose so	Suppongo di sì
The postman travels with the daughter	Il postino viaggia con la figlia
The mother teaches her children	La madre insegna ai suoi figli
I deliver food	Io consegno il cibo
The woman wakes up	La donna si sveglia
He watches the birds	Lui guarda gli uccelli

TRAINING TIME

They set the table	Hanno apparecchiato il tavolo
The shoes hurt the girl	Le scarpe fanno male alla ragazza
I train today	Mi alleno oggi
She sets the table	Lei apparecchia la tavola
He delivers food	Lui consegna cibo
I take care of my grandfather	Mi prendo cura di mio nonno
He trains the boy	Lui allena il ragazzo
The bird flies in the bedroom	L'uccello vola in camera da letto
We cry like babies	Piangiamo come bambini
He keeps the keys in the pocket	Tiene le chiavi in tasca
He studies day and night	Studia giorno e notte
Do you prefer rice or bread?	Preferisci il riso o il pane?
The mother wraps the baby in a blanket	La madre avvolge il bambino in una coperta
The family invites the writer to the dinner	La famiglia invita lo scrittore alla cena
What do you see?	Cosa vedi?
We burn the rice	Noi bruciamo il riso
We do not sleep	Noi non dormiamo
You yell at them	Tu li urli
They delay the lunch	Ritardano il pranzo
No, you do not walk	No, non cammini
They burn the soup	Bruciano la zuppa
I do not pay	Io non pago
They fail	Falliscono
We fail many times	Falliamo molte volte
I do not fail	Non esito

TRAINING TIME

Where do they keep the salt?	Dove tengono il sale?
The lamp burns the towel	La lampada brucia l'asciugamano
He assumes that we are human	Suppone che siamo umani
The sisters move the mirrors	Le sorelle muovono gli specchi
The architect moves the lamp	L'architetto sposta la lampada
I fill the bottle with oil	Riempio la bottiglia di olio
The judge judges the bishop	Il giudice giudica il vescovo
She lives in my house	Lei vive in casa mia
She improves the menu	Migliora il menu
She carries the ladder	Lei porta la scala
They cook the egg	Cucinano l'uovo
He has lunch	Lui pranza
I do not hear	Io non sento
They carry the books	Portano i libri
Birds do not swim	Gli uccelli non nuotano
She does not ride a horse	Lei non va a cavallo
He takes care of the animals	Si prende cura degli animali
They have books	Hanno libri
You deliver the food	Tu consegni il cibo
We do not run	Non corriamo
We want apples	Vogliamo le mele
Yes, I go	Sì vado
I eat bread	Io mangio il pane
The boys drink water	I ragazzi bevono acqua
I ask a question	Faccio una domanda

TRAINING TIME

We go	Andiamo
Can we?	Possiamo?
I can	Io posso
You can	Puoi
You do not cook duck?	Non cucini anatra?
My dad swims, your mom walks	Mio padre nuota, tua madre cammina
The boys see the bear	I ragazzi vedono l'orso
The husband kisses the wife	Il marito bacia la moglie
I fill the bottle with water	Riempio la bottiglia con acqua
I have an animal, it is a mouse	Ho un animale, è un topo
Which dresses do you want?	Quali vestiti vuoi?
Marco wants a pink spider	Marco vuole un ragno rosa
You pay for the lunch	Paghi per il pranzo
No, you are not going	No, non stai andando
Marco sleeps, Martina runs	Marco dorme, corre Martina
We launch a new newspaper	Lanciamo un nuovo giornale
The dogs play	I cani giocano
Kids do not pay	I bambini non pagano
The boys do not go	I ragazzi non vanno
She goes, I go	Lei va, io vado
The boys listen	I ragazzi ascoltano
We do not pay	Noi non paghiamo
The man points to the horse	L'uomo indica il cavallo
We make sauce	Noi prepariamo la salsa
I find the dog	Trovo il cane

TRAINING TIME

Know	Conoscere
Find	Trova
Game	Gioco
Samples	Campioni
It rains	Piove
I know	Io so
The bird does not speak	L'uccello non parla
You do not touch the onion	Non tocchi la cipolla
They scream your name	Urlano il tuo nome
We do not touch the chicken	Non tocchiamo il pollo
The elephants want water	Gli elefanti vogliono l'acqua
The cat does not hear	Il gatto non sente
She speaks, they speak	Lei parla, loro parlano
They study the books	Studiano i libri
We find food	Noi troviamo cibo
The child plays	Il bambino gioca
I do not know	Non lo so
There is no salt left	Non c'è più sale
They follow their father	Seguono il loro padre
The woman tastes the bread	La donna assaggia il pane
You show your belt	Mostri la tua cintura
I dream about my girlfriend	Sogno la mia ragazza
They appear at night	Appaiono di notte
I look for my dog	Cerco il mio cane
They present their family	Presentano la loro famiglia

TRAINING TIME

We help	Aiutiamo
Go back!	Torna indietro!
My aunt is alone	Mia zia è sola
Martina closes the window	Martina chiude la finestra
I am between you and him	Io sono tra te e lui
They are secure	Sono sicuri
We are at the dinner	Siamo a cena
We remember our grandmother	Ricordiamo nostra nonna
She looks for her cat	Cerca il suo gatto
She closes the door	Lei chiude la porta
Which dream?	Quale sogno?
I think of you	penso a te
They do not give food	Non danno da mangiare
The dog helps the man	Il cane aiuta l'uomo
The chef weighs the meat	Lo chef pesa la carne
She looks to the window	Lei guarda alla finestra
He comes with the girl	Viene con la ragazza
They try the rice	Provano il riso
I weigh my son	Pesa mio figlio
He shows the letters	Mostra le lettere
We look at the menu	Noi guardiamo il menu
I accept the sofa	Accetto il divano
I respect women	Io rispetto le donne
He does not accept	Lui non accetta
She takes my sugar	Lei prende il mio zucchero

TRAINING TIME

She visits her family	Lei visita la sua famiglia
They drink wine	Essi bevono vino
We think not	Noi pensiamo di no
She gives water	Lei dà acqua
I return with my dog	Ritorno con il mio cane
He respects his wife	Rispetta sua moglie
He visits the doctor	Visita il dottore
She takes the hat	Lei prende il cappello
The bear does not fit through the door	L'orso non entra dalla porta
Yes, it seems famíliar	Sì, sembra familiare
She starts tomorrow	Lei inizia domani
He serves the rice	Lui serve il riso
Have you been to Milan?	Sei stato a Milan?
You do not count	Tu non conti
The month ends on Monday	Il mese finisce lunedì
You know my daughter	Conosci mia figlia
The shoes dont fit	Le scarpe non si adattano
I start tomorrow	Inizio domani
They seem natural	Sembrano naturali
He counts the sandwiches	Lui conta i panini
We serve the dinner	Serviamo la cena
He signs the book	Firma il libro
September ends	Settembre finisce
The mother blames the child	La madre incolpa il bambino
She delivers the letter	Lei consegna la lettera

TRAINING TIME

What does he feel for her?	Cosa prova per lei?
They import his crib	Importano la sua culla
He includes his mother	Lui include sua madre
He enters the kitchen	Entra in cucina
They sign the book	Firmano il libro
I deliver food	Consegno il cibo
No, the color is not important	No, il colore non è importante
They include a different dress	Loro includono un vestito diverso
I import cheese	Importo formaggio
We sign his shirt	Firmiamo la sua maglietta
Mom, come in please	Mamma, entra per favore
Depends	Dipende
He says	Lui dice
May starts tomorrow	Maggio inizia domani
We open the book	Apriamo il libro
My husband arrives late	Mio marito arriva tardi
It needs work	Ha bisogno di lavoro
I say yes	Io dico si
You open the door	Tu apri la porta
We arrive tomorrow	Arriviamo domani
The farmers say that the book is good	Gli agricoltori dicono che il libro è buono
When do they arrive?	Quando arrivano?
He requires more food	Lui richiede più cibo
When do you return?	Quando ritorni?
I do not buy it	Non lo compro

TRAINING TIME

I open the juice	Apro il succo
The painter depends on him	Il pittore dipende da lui
Do you like summer?	Ti piace l'estate?
He does not doubt it	Lui non ne dubita
We return very late	Ritorniamo molto tardi
She asks for an apple	Lei chiede una mela
I save my neighbor	Io salvo il mio vicino
I do not like those telephones	Non mi piacciono quei telefoni
The boy buys a dog	Il ragazzo compra un cane
She fills the bottle	Lei riempie la bottiglia
I doubt, he doubts	Io dubito, lui dubita
We save the animals	Salviamo gli animali
Does this bus stop in Jesolo?	Questo autobus si ferma a Jesolo?
He continues his document	Continua il suo documento
He wins twenty dollars	Vince venti dollari
I ask him	Chiedo a lui
He mixes the onion	Lui mescola la cipolla
She posesses a red car	Ha una macchina rossa
He does not ask	Lui non chiede
I stand on the street	Sto in strada
They mix juice and milk	Mescolano succo e latte
I live in a city	Vivo in una città
They continue	Continuano
You earn a lot of money	Tu guadagni un sacco di soldi
You ask the same thing as I do	Tu chiedi la stessa cosa che faccio io

TRAINING TIME

Do you allow dogs?	Permetti i cani?
Who receives the rabbit?	Chi riceve il coniglio?
He considers me a friend	Mi considera un amico
They use sugar	Usano lo zucchero
He adds salt to the soup	Aggiunge sale alla zuppa
The car is worth a lot	La macchina vale molto
Where do you live?	Dove vivi?
My partner allows it	Il mio compagno lo consente
You use the computer	Tu usi il computer
They consider me a friend	Mi considerano un amico
He lives in Germany	Vive in Germania
We live here	Viviamo qui
He recognizes her	Lui la riconosce
I spend money	Spendo soldi
He does not understand me	Lui non mi capisce
She does not answer me	Lei non mi risponde
The sandwich contains cheese	Il panino contiene formaggio
He beats his friend	Lui batte il suo amico
This interests a lot of people	Questo interessa molte persone
I do not understand	non capisco
They defeat their enemies	Sconfiggono i loro nemici
I spend too much	Spendo troppo
You do not understand me	Tu non mi capisci
I cut the apple	Ho tagliato la mela
You reserve a table	Si prenota un tavolo

TRAINING TIME

I rest	Mi riposo
I sing	Io canto
I jump	Io salto
I fly	Io volo
I drive	Io guido
I drive the car	Guido la macchina
I reject him	Lo rifiuto
He deals with the children	Si occupa dei bambini
She improves the menu	Migliora il menu
I observe him	Lo osservo
He reaches for the hat	Si allunga verso il cappello
He affects me	Lui mi influenza
What is happening with you?	Cosa ti sta succedendo?
I consult my boss	Consulto il mio capo
I want a son	Voglio un figlio
He reserves the table	Si riserva il tavolo
We spend the day together	Trascorriamo la giornata insieme
She loses her keys	Perde le sue chiavi
I do not think so	Io non la penso così
The children go through here	I bambini passano qui
I pass the wine to my mother	Passo il vino a mia madre
You recognize his shirt	Tu riconosci la sua maglietta
The glass contains water	Il bicchiere contiene acqua
My daughter wishes for a horse	Mia figlia desidera un cavallo
He observes his daughter	Lui osserva sua figlia

TRAINING TIME

Now he tries this	Ora ci prova
How much is it?	Quanto costa?
How much is the beer?	Quanto costa la birra?
He consults with Andrea	Lui consulta con Andrea
He leaves the food at my house	Lascia il cibo a casa mia
He expresses himself well	Si esprime bene
They set the table	Hanno apparecchiato il tavolo
She creates a menu	Lei crea un menu
That bird does not fly	Quell'uccello non vola
The birds fly	Gli uccelli volano
I put it here	L'ho messo qui
You never lose	Non perdi mai
He does not treat Dani well	Non tratta bene Dani
I use the London Underground	Io uso la metropolitana di Londra
My name is Carlito	Mi chiamo Carlito
The month ends tomorrow	Il mese finisce domani
She believes that it is late	Lei crede che sia tardi
He walks with my sister	Lui cammina con mia sorella
He belongs here	Lui appartiene qui
You do not belong here	Non appartieni qui
You don't believe me	Non mi credi
I dry the shirt	Mi asciugo la maglietta
She walks with my friend	Lei cammina con il mio amico
He falls down	Cade giù
Lift the plate	Sollevare la piastra

TRAINING TIME

Feel	Sentiamo
My mother uses the oven	Mia madre usa il forno
They go out everyday	Escono tutti i giorni
My son does not hate you	Mio figlio non ti odia
He dries his shoes	Si asciuga le scarpe
The doctor cures me	Il dottore mi cura
I do not need my letters	Non ho bisogno delle mie lettere
They offer more money	Offrono più soldi
The shooting gallery	La galleria di tiro
I do not need more meat	Non ho bisogno di più carne
Turn here	Svolta qui
I hate Mondays	Odio il lunedì
She gets up at seven	Si alza alle sette
I dry my shirt	Mi asciugo la maglietta
The train leaves at nine	Il treno parte alle nove
She needs it	Ne ha bisogno
I leave tomorrow	Io vado domani
She offers me her car	Lei mi offre la sua macchina
He waits five years	Lui aspetta cinque anni
I discard the food	Scartare il cibo
We need a table	Abbiamo bisogno di un tavolo
We decide	Noi decidiamo
You wait for lunch	Voi aspettate il pranzo
We do not know the girl	Noi non conosciamo la ragazza
The cat likes milk	Al gatto piace il latte

TRAINING TIME

STORY MODE

ENGLISH

Today is the first day of spring. Marco and Gianluca decided to go to the lake bar to see a friend and celebrate the new season. Dani wanted to go with them, but they did not approve of him because he was too young to drink. It was probably the best option, because when they approached the bar, the boys saw a bear walking towards them. If Dani had come, he would have fainted, but the boys were brave and remained perfectly still until he passed. Shortly thereafter, the boys entered the bar and watched an argument.

"Men pay, I dance, I do not pay." Adriana shouted.

"It's not possible to have both, Adriana, we can not pay a salary and still give drinks and food for free." The director of the bar said.

"No problem, we will pay for everything.", said Marco.

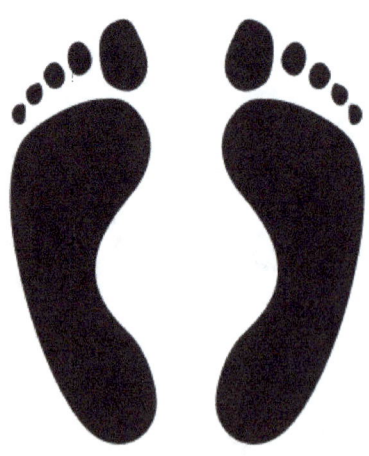

ITALIAN

Oggi è il primo giorno di primavera. Marco e Gianluca hanno deciso di andare al bar del lago per vedere un amico e festeggiare la nuova stagione. Dani voleva andare con loro, ma non lo approvavano perché era troppo giovane per bere. Probabilmente era l'opzione migliore, perché quando si avvicinarono al bar, i ragazzi videro un orso che camminava verso di loro. Se Dani fosse venuto, sarebbe svenuto, ma i ragazzi erano coraggiosi e rimasero perfettamente immobili finché esso passato. Poco dopo, i ragazzi entrarono nel bar e osservarono una discussione.

"Gli uomini pagano, io ballo, non pago." urlò Adriana.

"Non è possibile avere entrambi, Adriana, non possiamo pagare uno stipendio e dare comunque bevande e cibo gratis." Il direttore del bar ha detto.

"Nessun problema, pagheremo per tutto." ha detto Marco.

Chapter 8

PREPOSITIONS

Keywords: Dalla, dallo, negli, nelle, allo, alle, sullo, sulle, col, fra, tra, dello, senza, lungo, fino, contro, degli, con.

They write to the women	Loro scrivono alle donne
The boys read to the men	I ragazzi leggono agli uomini
We give the bread to the duck	Diamo il pane all'anatra
The girl does not like the juice	Alla ragazza non piace il succo
Who is coming to the zoo	Chi viene allo zoo?
They are at lunch	Loro sono a pranzo
We are at dinner	Siamo a cena
I think about Lisa	Penso ad Lisa
I am at the zoo	Io sono allo zoo
He lives in Mexico	Lui vive in Messico
Who believes in the children?	Chi crede nei ragazzi?
They write about her	Loro scrivono su di lei
The oil is in the bottle	L'olio è nella bottiglie
I drink orange juice	Bevo il succo d'arancia
I am in the newspapers	Io sono sui giornali
He cooks in the kitchen	Lui cucina nella cucina
I want a plate of rice	Voglio un piatto di riso
We drink from glasses	Beviamo dai bicchieri
I come from the zoo	Vengo dallo zoo
Meat comes from animals	La carne viene dagli animali
The food is on the plate	Il cibo è sul piatto

I write on the recipe	Scrivo sulla ricetta
The milk comes from the cow	Il latte viene dalla mucca
I go towards the horse	Io vado verso il cavallo
It is for her	È per lei

TRAINING TIME

Fish live in water	I pesci vivono nell'acqua
The forks are on the plates	Le forchette sono sui piatti
The ant is on the sugar	La formica è sullo zucchero
We believe in the men	Noi crediamo negli uomini
According to the boy, she does not eat chicken	Secondo il ragazzo, lei non mangia pollo
She comes from the restaurant	Viene dal ristorante
We put sugar on the cakes	Mettiamo lo zucchero sulle torte
We buy fruit from the boys	Compriamo la frutta dai ragazzi
The lemonade is in the bottles	La limonata è nelle bottiglie
They are between us	Loro sono tra noi
I cook fish with salt	Cucino il pesce col sale
He looks at you	Lui ti guarda
The egg is not on the plate	L'uovo non è sul piatto
I go towards him	Io vado verso di lui
According to her, it is not a fish	Secondo lei non è un pesce

The meat comes from the duck	La carne viene dall'anatra
Except the wine	Tranne il vino
Except the beer	Tranne la birra
Until when?	Fino a quando?
I have the man's plate	Ho il piatto dell'uomo
She eats the salad without oil	Lei mangia l'insalata senz'olio
He has horses	Lui ha dei cavalli
We talk about books	Noi parliamo di libri
I ask him	Chiedo a lui
Do you want some sugar?	Vuoi dello zucchero?

TRAINING TIME

We live along the water	Noi viviamo lungo l'acqua
The spider is on the animal	Il ragno è sull'animale
The books come from the women	I libri vengono dalle donne
We drink the wine during dinner	Beviamo il vino durante la cena
We buy the shoes despite the color	Compriamo le scarpe nonostante il colore
We eat rice with chicken	Mangiamo riso con pollo
I eat fruit, except for apples	Mangio frutta tranne le mele
Do you take your coffee without sugar?	Prendi il caffè senza zucchero?
What is the color of the boots?	Qual è il colore degli stivali?
The girl's cat is white	Il gatto della ragazza è bianco
The ant is on the orange	La formica è sull'arancia

The girls shoes are black	Le scarpe delle ragazze sono nere
It is not the man's fork	Non è la foorchetta dell'uomo
The boys dogs drink water	I cani dei ragazzi bevono acqua
I eat one of your apples	Mangio una delle tue mele
The woman likes these clothes	Alla donna piacciono questi vestiti
It is a glass without a cover	È un bicchiere senza coperchio
Who likes the flavor of fish?	A chi piace il gusto del pesce?

TRAINING TIME

Chapter 9

DATES AND TIME

Keywords: Settimana, mese, secondi, anno, giorno, autunno.

Night	Notte
Day	Giorno
The date	La data
The calendar	Il calendario
From July to September	Da Luglio a Settembre
April ends today	Aprile finisce oggi
March comes between February and April	Marzo viene tra Febbraio ed Aprile
See you tomorrow!	A domani !
We are in January	Siamo a Gennaio
It is yesterday's bread	È il pane di ieri
I have a dinner with him in January	Ho una cena con lui a Gennaio
Yesterday the men, today the women	Ieri gli uomini, oggi le donne
What do they eat in February?	Cosa mangiano a Febbraio
March ends today	Marzo finisce oggi
It is August	È Agosto
It is November	È Novembre
May does not end today	Maggio non finisce oggi
Tomorrow is Thursday	Domani e Giovedi
We write to them in October	Scriviamo a loro ad Ottobre
It is a Monday	È Lunedi
Do you work Saturdays?	Tu lavori Sábado?
Today is Friday	Oggi è Venerdì
Today is Monday	Oggi è Lunedi
Today is Saturday	Oggi è Sabado
He dies in December	Muore a Dicembre

The restaurant opens in June	Il ristorante apre a Giugno
I eat steak on Friday	Mangio la bistecca Venerdì
We eat cheese on Wednesday	Mangiamo il formaggio mercoledi
On Tuesdays I eat cheese	I Martedi mangio il formaggio
The spring	La primavera
The winter	L'inverno
I spend the summer with him	Passo l'estate con lui
I drink coffee in the morning	Bevo caffè alla mattina
Today is Sunday	Oggi è Domenica
I eat at noon	Mangio a mezzogiorno
The dogs like the fall	Ai cani piace l'autunno
The cake is for Sunday	La torta è per domenica
In London it is spring	A Londra è primavera
I eat chocolate in the afternoon	Mangio cioccolato al pomeriggio
I work at night	Lavoro di notte
He works until midnight	Lui lavora fino alla mezzanotte
Friday and Saturday nights	Venerdì e sabato sera
It is time for cake	È tempo di torta
Where do we go tonight?	Dove andiamo stanotte?
One moment please!	Un momento per favore!
I work tonight	Io lavoro stanotte
I work at night	Lavoro di notte
The minutes and the hours pass	I minuti e le ore passano
The weeks of the month	Le settimane del mese
The seconds pass	Passano i secondi

TRAINING TIME

Tuesday is a day of the week	Martedì è un giorno della settimana
It is dinner time	È ora di cena
Do you have a minute?	Hai un minuto?
I can't wait	Non posso aspettare
We drink one bottle per hour	Beviamo una bottiglia all'ora
A century is not a year	Un secolo non è un anno
In a month	Fra un mese
The minutes and the hours pass	I minuti e le ore passano
The decade ends today	Il decennio finisce oggi
The party is tomorrow	La festa è domani
Tomorrow is my birthday	Domani è il mio compleanno
The period ends in April	Il periodo finisce ad aprile
Years or months?	Anni o mesi?
The centuries pass	I secoli passano
They work for decades	Lavorano per decenni
What is today's date?	Qual è la data oggi?
You are late this morning	Siete in ritardo stamattina
It is late	È tardi
See you soon!	A presto!
I do not have time	Io non ho tempo
One month ago	Un mese fa
He eats with us weekly	Lui mangia con noi settimanalmente
What are you drinking this morning?	Cosa bevi stamattina?
The woman has a calendar	La donna ha un calendario
Spring is a season	La primavera è una stagione

TRAINING TIME

Minutes and seconds	Minuti e secondi
The hours of the day	Le ore del giorno
Weeks and months	Settimane e mesi
The dawn	L'alba
The season	La stagione
During the night	Durante la notte
How many minutes?	Quanti minuti?
He arrives on Thursday	Arriva giovedì
Where is the beginning?	Dov'è l'inizio?
August and September are months of the year	Agosto e settembre sono mesi dell'anno
I work in that period	Lavoro in quel periodo
I walk in the morning	Cammino al mattino
What is the date today?	Che giorno è oggi?
They go to festivals	Vanno ai festival
I do not work on Mondays	Non lavoro il lunedì
I do not run in October	Io non corro in Ottobre
A minute is an instant	Un minuto è un istante
The summer is for the youth	L'estate è per i giovani
Her anniversary is in july	Il suo anniversario è a luglio
The birth of the century	La nascita del secolo
How long is the cycle?	Quanto è lungo il ciclo?
The letters do not have dates	Le lettere non hanno date
The seconds in the day	I secondi del giorno
The winter is long	L'inverno è lungo
Monday, Tuesday, and Wednesday	Lunedì, martedì e mercoledì

TRAINING TIME

My son Mateo, is one year old	Mio figlio Mateo, ha un anno
I need a second	Ho bisogno di un secondo
On Saturdays, we eat meat	Il sabato mangiamo carne
Sometimes yes and sometimes no	A volte sì e talvolta no
Alberto drinks beer on Monday, Tuesday, and Wednesday	Alberto beve birra lunedì, martedì e mercoledì
We do not have a date	Non abbiamo una data
My aunt Lydia came yesterday	Mia zia Lydia è arrivata ieri
October and December are months of the year	Ottobre e Dicembre sono mesi dell'anno
March, April, May and June	Marzo, aprile, maggio e giugno
My grandmother does not run in February	Mia nonna non corre a febbraio
One Friday in May	Un venerdì di maggio
As of today	Come oggi
He writes in November	Scrive a novembre
I do not eat fish in August	Non mangio pesce in agosto
From September to December	Da settembre a dicembre
Winter is a season	L'inverno è una stagione
In a while we eat	In un pò mangiamo
The parties are not tomorrow	Le parti non sono domani
I walk in the morning	Cammino al mattino
The vacation is in August	La vacanza è in agosto
I eat at noon	Mangio a mezzogiorno
I have an appointment with her today	Ho un appuntamento con lei oggi

TRAINING TIME

STORY MODE

ENGLISH

"January, February and March are the best months of my work".

"Why do you say that?"

"Because in January the rains stop completely, and it is easier to clean the earth for construction. The grass is dry and weeds do not grow quickly.

In February, the prices of iron and cement decrease, and I can buy what I need for my work at lower prices. In March, I earn a little more, which helps speed up the work ".

"I see, what happens in the other months?"

"The stones are cheaper in April, the job starts in June and continues until July, the rains come in August and are more intense in September and October, and in December we go back home for the Christmas holidays".

ITALIAN

"Gennaio, Febbraio e Marzo sono i mesi migliori del mio lavoro."

"Perché dici così?"

"Perché a gennaio le piogge si fermano completamente, ed è più facile pulire la terra per la costruzione. L'erba è secca e le erbe infestanti non crescono rapidamente."

"A Febbraio, i prezzi del ferro e del cemento diminuiscono e posso acquistare quello che mi serve per il mio lavoro a prezzi inferiori. A Marzo, guadagno un po 'di più, il che aiuta ad accelerare il lavoro."

"Capisco, cosa succede negli altri mesi?"

"Le pietre sono meno costose ad Aprile, il lavoro inizia a Giugno e continua fino a Luglio, le piogge arrivano ad Agosto e sono più intenso a Settembre e Ottobre, e a Dicembre torniamo a casa per le vacanze di Natale."

11/18/2018

Chapter 10

FAMILY

Keywords: Padre, madre, figli, zio, fratelli, cugini.

The family	La famiglia
The father	Il padre
The mother	La madre
Son	Figlio
Daughter	Figlia
Children	Bambini
The brother	Il fratello
Sisters	Sorelle
The grandfather	Il nonno
The grandmother	La nonna
Husband	Marito
The baby	Il bambino
He and my mother are siblings	Lui e mia madre sono fratelli
I want sons and daughters	Voglio figli e figlie
We are brother and sister	Siamo fratello e sorella
My father has a restaurant	Mio padre ha un ristorante
My parents eat rice	I miei genitori mangiano riso
My daughter wants a watch	Mia figlia vuole un orologio
My mother's sisters do not eat chicken	Le sorelle di mia madre non mangiano pollo
They are my brothers	Loro sono i miei fratelli
I have a sister	Ho una sorella
Their children drink milk	I loro bambini bevono latte
We are husband and wife	Siamo marito e moglie

We are cousins	Noi siamo cugini
He is not my cousin	Lui non è mio cugino

TRAINING TIME

Hello grandfather!	Ciao nonno!
The wife of my uncle is my aunt	La moglie di mio zio è mia zia
They are wives	Loro sono mogli
We go to grandma's	Andiamo dalla nonna
I eat with my aunt	Io mangio con mia zia
The juice is for my grandmother	Il succo è per mia nonna
Mom, where is dad?	Mamma, dov'è il papa?
We have names and surnames	Abbiamo nomi e cognomi
How do we write her surname?	Come scriviamo il suo cognomi?
You are like your mom	Sei come tua mamma
Thanks dad!	Grazie papà!
She is like her mom	È come sua mamma
What is your surname?	Qual è il vostro cognome?
My niece has a dog	Mia nipote ha un cane
The boy's dog	Il cane del ragazzo
We have a son and a cat	Abbiamo un figlio e un gatto
We are his children	Noi siamo i suoi figli
Who are your parents?	Chi sono i tuoi genitori?
Dani is not your father	Dani non è tuo padre
My child is from Italy	Mio figlio viene dall'Italia
Marco and Gianluca are my sons	Marco e Gianluca sono i miei figli
Martina is not my mother	Martina non è mia madre

Andrea is not my father	Andrea non è mio padre
Yes, Alberto is my husband	Sì, Alberto è mio marito
Leonardo is my brother	Leonardo è mio fratello

TRAINING TIME

I am his wife	Sono sua moglie
They are my uncles	Sono i miei zii
She is my aunt	Lei è la mia zia
She and my mother are sisters	Lei e mia madre sono sorelle
You are our wives	Tu sei le nostre mogli
No, you do not have babies	No, non hai bambini
My mother is a grandmother	Mia madre è una nonna
Chico is my grandfather	Chico è mio nonno
My grandmother is Rosa	Mia nonna è Rosa
My family is from Germany	La mia famiglia è dalla Germania
Thank you Grandma	Grazie, nonna
The blue hat is for my grandmother	Il cappello blu è per mia nonna
He is not my cousin	Lui non è mio cugino
Marco and Gianluca are my cousins	Marco e Gianluca sono i miei cugini
Dani is my cousin	Dani è mio cugino
The white hat is not for my grandmother	Il cappello bianco non è per mia nonna
We are cousins	Noi siamo cugini
Alberto and Sonia have a baby	Alberto e Sonia hanno un bambino
My wife is the mother of my sons	Mia moglie è la madre dei miei figli

After saying that, he left with his wife	Dopo averlo detto, se ne andò con sua moglie
The soup is for Leonardo	La zuppa è per Leonardo
It is your creation	È la tua creazione
He feels it	Lo sente
We talk about books	Parliamo di libri
That is my issue	Questo è il mio problema

TRAINING TIME

STORY MODE

ENGLISH

Clarisse: "Your little sister Elena, just sent me a picture on the Instagram app, there are a lot of people and it looks like a great family portrait."

Martina: "Yes, a photographer came to our house today and we took pictures to celebrate my grandfather's birthday."

"On the left are my brother and his wife, they are married and have just returned from their honeymoon, and on the right of them is my father, whom you have met countless times."

"This is the youngest member of the family, my niece Stella. She's just a girl, but she's very pretty."

"This is my mother and my uncle, the lawyer. my grandmother is sitting next to her husband, the celebrant, and on the floor, we have my cousins and my nephew."

Clarisse: "This is a great family photo."

Martina: "I know, I love it."

ITALIAN

Clarisse: "La tua sorellina Elena, mi ha appena inviato una foto sull'app di Instagram, ci sono molte persone e sembra un grande ritratto di famiglia."

Martina: "Sì, un fotografo è venuto a casa nostra oggi e abbiamo fatto delle foto per celebrare il compleanno di mio nonno."

"A sinistra ci sono mio fratello e sua moglie, sono sposati e sono appena tornati dalla loro luna di miele, e sulla destra di loro c'è mio padre, che hai incontrato infinite volte."

"Questo è il membro più giovane della famiglia, mia nipote Stella. È solo una ragazza, ma è molto carina."

"Questa è mia madre e mio zio, l'avvocato. Mia nonna è seduta accanto a suo marito, il celebrante, e sul pavimento, abbiamo i miei cugini e mio nipote."

Clarisse: "Questa è una grande foto di famiglia."

Martina: "Lo so, lo adoro."

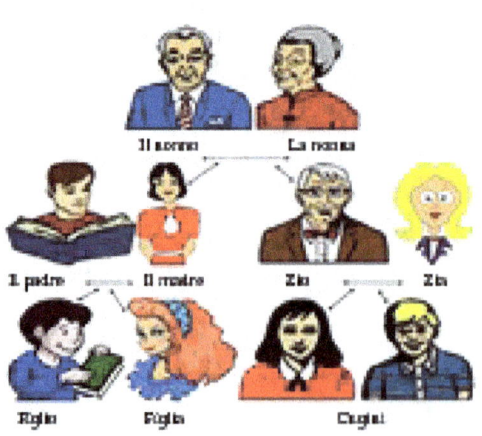

Chapter 11

COLORS

Keywords: Colorati, nero, bianco, rosso, gialle, azzure.

The color is green	Il colore è verde
The sweater is blue	La maglia è azzura
A colored shirt	Una camicia colorata
We buy the black pants	Compriamo i pantaloni neri
The woman has a brown belt	La donna ha una cintura marrone
Her socks are gray	Le sue calze sono grigie
The shoes are blue	Le scarpe sono azzurre
The color orange	Il colore arancione
The wool is purple	La lana è viola
The birds are yellow	Gli uccelli sono gialli
My shirts are white	Le mie camicie sono bianche
She has red pants	Lei ha i pantaloni rossi
The cat is not white	Il gatto non è bianco
Where is my white shirt?	Dov'è la mia camicia bianca?
Her dress is black	Il suo vestito è nero
The coat is pink	Il cappotto è rosa
The elephant is gray	L'elefante è grigio
I do not know your favorite color	Non conosco il tuo colore preferito
She wears red pants	Lei indossa pantaloni rossi
It is the same color	È dello stesso colore
Her blouse is green	La sua camicetta è verde

TRAINING TIME

Chapter 12

OCCUPATION

Keywords: Lavoro, pagliaccio, conduttore, capitano, architetto, meccanico, diretorre, operai, segretaria, ricercatori, dottore, modello, soldato, polizia.

The student	Lo studente
The captain	Il capitano
The guard	La guardia
The author	L'autore
The writer	Lo scrittore
The artist	L'artista
The model	Il modello
The authority	L'autorità
The doctor	Il dottore
The soldier	Il soldato
The king	Il re
The prince	Il principe
The farmer	Il contadino
The architect	L'architetto
The researcher	Il ricercatore
The painter	Il pittore
The professionals	I professionisti
The bishop	Il vescovo
The judge	Il giudice
The teacher	L'insegnante
The writer	Lo scrittore
The reader	Il lettore
The entrepreneur	L'imprenditore
He is the engineer, she is the architect	Lui e l'ingegnere, lei l'architetto
the farmers work with cows and chickens	I contadini lavorano con le mucche ed i polli

TRAINING TIME

The police	La polizia
The headmaster	Il preside
The student	Lo studente
The representative	Il rappresentante
What does the engineer say?	Cosa dice l'ingegnere?
She is a fisherwoman	Lei è una pescatrice
He speaks with the guard	Parla con la guardia
Are you the presenter?	Sei tu il presentatore?
You are a clown	Sei un pagliaccio
The farmer reads the newspaper	Il contadino legge il giornale
Our brothers are mechanics	I nostri fratelli sono meccanici
The police officers have blue shirts	I poliziotti hanno camicie azzurre
What does the plumber eat?	Cosa mangia l'idraulico?
We are not mailmen	Non siamo uomini di posta
Who is your lawyer?	Chi è il tuo avvocato?
My sister is without work	Mia sorella è senza lavoro
Where is the manager?	Dov'è la direttrice?
Who are the workers?	Chi sono gli operai?
I go to the doctor	Vado dalla dottoressa
Fried fish is your specialty	Il pesce fritto è la tua specialita
My husband is not the secretary	Mio marito non è il segretario
My husband is a researcher	Mio marito è un ricercatore
My uncle and my aunt are doctors	Mio zio e mia zia sono dottori

I know a researcher	Conosco una ricercatrice
The writer writes	Lo scrittore scrive

TRAINING TIME

The captain's answer arrives today	La risposta del capitano arriva oggi
The fisherman drinks a cup of coffee	Il pescatore beve una tazza di caffè
Your father is a farmer	Tuo padre è un contadino
You're an architect	Sei un architetto
My mother waits for the postman	Mia madre aspetta il postino
What is her occupation?	Qual e 'il suo lavoro?
She is my counselor	Lei è la mia consigliera
The answer is employment	La risposta è l'occupazione
The viewer wants lemonade	Lo spettatore vuole limonata
The spectators arrive on Thursday	Gli spettatori arrivano giovedì
The specialists speak with the king	Gli specialisti parlano con il re
I need a lawyer	Ho bisogno di un avvocato
He is the police's spokesman	È il portavoce della polizia
He is the leader of the century	È il capo del secolo
I am not a journalist	Non sono un giornalista
The colonel speaks with the director	Il colonnello parla con il regista
Good night, Countess	Buona notte, Contessa

I am the representative of Geneva	Sono il rappresentante di Ginevra
The teachers see their students	Gli insegnanti vedono i loro studenti
They are the leaders	Sono i capi
They are artists	Sono artisti
She is a teacher	Lei è un'insegnante
Are you a model?	Sei un modello?
He is a businessman	Lui è un uomo d'affari

TRAINING TIME

The artist	L'artista
The students eat bread	Gli studenti mangiano pane
The spoon is for the kings	Il cucchiaio è per i re
My mother and my aunt are teachers	Mia madre e mia zia sono insegnanti
The student drinks water	Lo studente beve acqua
He is a student	Egli è uno studente
The writer drinks wine	Lo scrittore beve vino
He talks to the doctor	Parla al dottore
Good morning, teacher	Buon giorno, insegnante
Sara and Cristina are policewomen	Sara e Cristina sono poliziotte
The teacher eats a sandwich	L'insegnante mangia un panino
Who is the prosecutor?	Chi è il pubblico ministero?
They are models	Sono modelli
He is a secretary	Lui è un segretario
We are teachers	Siamo insegnanti

I need a doctor	Ho bisogno di un dottore
The students eat bread	Gli studenti mangiano il pane
How many bosses do you have?	Quanti capi hai?
She is my secretary	Lei è la mia segretaria
Fredo is a policeman	Fredo è un poliziotto
You have a secretary	Hai una segretaria
Queens do not drink beer	Le regine non bevono birra
The teacher eats apples	L'insegnante mangia le mele
She is my boss	Lei è il mio capo
My uncle and my aunt are doctors	Mio zio e mia zia sono dottori

TRAINING TIME

The prince	Il principe
The painter	Il pittore
The farmer	Il contadino
The cook	Il cuoco
I am a journalist	Sono un giornalista
He speaks with the guard	Lui parla con la guardia
The poet writes a letter	Il poeta scrive una lettera
My uncle is the author of the book	Mio zio è l'autore del libro
I am a businessman	Sono un uomo d'affari
The professors read	I professori leggono
I am not the professor	Io non sono il professore
Patricia is the judge	Patricia è il giudice
The soldier eats rice	Il soldato mangia riso
Are you the author?	Sei l'autore?
My dad is a poet	Mio padre è un poeta

We are professors	Siamo professori
My uncle is an employee	Mio zio è un impiegato
Who are your lawyers?	Chi sono i tuoi avvocati?
The colonel talks with the soldiers	Il colonnello parla con i soldati
No, Pedro is not an actor, he is a poet	No, Pedro non è un attore, è un poeta
They are artists	Sono artisti
I have a lawyer	Ho un avvocato
His employees write	I suoi dipendenti scrivono
Angelo and Dani are artists	Angelo e Dani sono artisti
The cooks eat meat	I cuochi mangiano carne

TRAINING TIME

My sister is my lawyer	Mia sorella è il mio avvocato
I am the owner of the dog	Sono il proprietario del cane
Who is the agent?	Chi è l'agente?
They are specialists	Sono specialisti
The commander eats an orange	Il comandante mangia un'arancia
Meat is their specialty	La carne è la loro specialità
The artists and the painters	Gli artisti e i pittori
The owner has a horse	Il proprietario ha un cavallo
My mother is a specialist in birds	Mia madre è una specialista in uccelli
Yes, I am an engineer and a carpenter	Sì, sono un ingegnere e un falegname

Yes, my uncle Salvio is an agent	Sì, mio zio Salvio è un agente
Yes, Marco is a baker	Sì, Marco è un fornaio
I work as a teacher	Lavoro come insegnante
They are tellers	Sono scrutatori
Is she my nurse?	Lei è la mia infermiera?
It is not my profession	Non è la mia professione
Paul is a priest	Paul è un prete
She is a baker	Lei è un fornaio
They are cashiers	Sono cassieri
They are not athletes	Non sono atleti
A priest does not drink beer	Un prete non beve birra
The priestess has a black cat	La sacerdotessa ha un gatto nero
My daughter is a waitress	Mia figlia è una cameriera
My uncle is not a farmer, he is a baker	Mio zio non è un contadino, è un fornaio
Worker	Operaio
Plumber	Idraulico
Mailman	Postino
Clown	Pagliaccio
The priests write books	I preti scrivono libri
My girlfriend is a driver	La mia ragazza è un autista
I work as a waiter	Lavoro come cameriere
No, my brother David is not a carpenter	No, mio fratello David non è un falegname
His spouse is a driver	Sua moglie è un autista
Gianluca is not an engineer, he is a nurse	Gianluca non è un ingegnere, è un infermiere
Your uncle is not a nurse, he is a cook	Tuo zio non è un'infermiera, è un cuoco

No, Leo and Sofia are not athletes	No, Leo e Sofia non sono atleti
Harry is an English engineer	Harry è un ingegnere inglese
Carlos is not an actor, he is a student	Carlos non è un attore, è uno studente
He speaks about his principles	Parla dei suoi principi
You have a good memory	Hai una buona memoria
She explained the terms to me	Mi ha spiegato i termini
He works as a mailman	Lavora come postino
The secretary drinks a coffee	La segretaria beve un caffè
My daughter is a policewoman	Mia figlia fa la poliziotta
It is our specialty	E la nostra specialita
My uncle is a presenter	Mio zio fa il conduttore
We are not mailmen	Non siamo postini
I am a police officer	Sono un poliziotto
You are doctors	Sei dottori

TRAINING TIME

STORY MODE

ENGLISH

Rodrigo: "Where do your parents work?"

Luca: "My father is a lawyer and my mother is also a lawyer."

Rodrigo: "And your siblings?"

Luca: "My older sister works as a secretary, while my brother is a painter."

Rodrigo: "And you?"

Luca: "I have published two books so far, so I can define myself as an author."

Rodrigo: "Did you want to be something else when you grew up?"

Luca: "I wanted to be a lot of things; a judge, an artist, an actor, an engineer, a chef and even a soldier.
Regarding the latter, I saw many war movies when I was a child and I liked guns and their physique. This was the biggest draw for me. However, my mother did not agree, she wanted me to be a doctor or a professor at the university.
I could not imagine being a student for so long, so I read something else. When I finished school, my first job was as a librarian and then as a driver, and I finally got a job as an agent."

ITALIAN

Rodrigo: "Dove lavorano i tuoi genitori?"

Luca: "Mio padre è un avvocato e mia madre è anche un avvocato."

Rodrigo: "E i tuoi fratelli?"

Luca: "Mia sorella maggiore lavora come segretaria, mentre mio fratello è un pittore."

Rodrigo: "E tu?"

Luca: "Ho pubblicato due libri finora, quindi posso definirmi autore."

Rodrigo: "Volevi essere qualcos'altro quando sei cresciuto?"

Luca: "Volevo essere un sacco di cose: un giudice, un artista, un attore, un ingegnere, uno chef e persino un soldato.

Riguardo a quest'ultimo, ho visto molti film di guerra quando ero un bambino e mi piacevano le pistole e il loro fisico. Questo è stato il più grande sorteggio per me. Tuttavia, mia madre non era d'accordo, voleva che fossi un dottore o un professore all'università.

Non potrei immaginare di essere uno studente per così tanto tempo, quindi leggo qualcos'altro. Quando ho finito la scuola, il mio primo lavoro è stato come bibliotecario e poi come autista, e finalmente ho trovato un lavoro come agente."

Chapter 13

MEASURES

Keywords: Metro, chilometri, chilogrammi, totale.

Depth	Profondità
Height	Altezza
One kilo	Un chilo
One meter	Un metro
The measurement	La misurazione
She is little and I am big	Lei è piccola e io sono grande
An elephant is an enormous animal	Un elefante è un animale enorme
We use a gram of tea	Usiamo un grammo di tè
She has a little bit of bread	Ha un pochino di pane
How many centimetres remain?	Quanti centimetri rimangono?
You take the measurements	Prendi le misure
They are small horses	Sono cavalli piccoli
We read a bit	Leggiamo un pochino
We have a gram of sugar	Abbiamo un grammo di zucchero
In the next room	Nella prossima stanza
Which animal is small?	Quale animale è piccolo?
I wait a couple of hours	Aspetto un paio d'ore
How many meters?	Quanti metri?
We use kilometers	Noi usiamo chilometri
How many kilograms?	Quanti chilogrammi?
A fourth of the total	Un quarto del totale
I am a little hungry	Sono un po 'affamato
It is all the same to me	Per me è lo stesso

We look at the total	Noi guardiamo il totale?
These are the sides	Questi sono i lati

TRAINING TIME

Kilometers	Chilometri
How long is a mile?	Quanto è lungo un miglio?
I have a litre of oil in the kitchen	Ho un litro d'olio in cucina
A double espresso, thanks	Un caffè doppio, grazie
I have nothing in the kitchen	Non ho niente in cucina
The double espresso is for her	Il doppio espresso è per lei
I do not have anything in my bag	Non ho nulla nella mia borsa
I have a bit of white chocolate	Ho un po 'di cioccolato bianco
The width of the door is eighty centimeters	La larghezza della porta è di ottanta centimetri
The depth is important	La profondità è importante
There are a thousand kilos in a ton	Ci sono un migliaio di chili in una tonnellata
Do you want half of my apple?	Vuoi metà della mia mela?
Eight is two times four	Otto è due volte quattro
It is the size of an egg	È la dimensione di un uovo
The woman's shirt is big	La camicia della donna è larga
The room has the shape of the square	La stanza ha la forma del quadrato

How many kilograms of meat do we get?	Quanti chilogrammi di carne prendiamo?
What is the new speed?	Qual è la nuova velocità?
My cellar contains three cubic meters of firewood	La mia cantina contiene tre metri cubi di legna da ardere
It is a novel in two volumes	È un romanzo in due volumi
The sides of a square are equal	I lati di un quadrato sono uguali
The height of my house is seven metres	L'altezza della mia casa è di sette metri
The height is equal to the length	L'altezza è uguale alla lunghezza
The shirt is not big	La camicia non è grande
We write in kilometers	Scriviamo in chilometri

TRAINING TIME

MEASURES

STORY MODE

ENGLISH

"How fast does the engine work?" Professor Makkonen, the silver-haired engineer, asked while testing his latest invention on the Eliseu bridge.

"Nine-three square knots." said the assistant, who was holding a large speedometer.

"What are the height and weight requirements for a depth of eight kilometers below sea level?"

"Four tons and ten feet, sir."

"Ok, well, now, how much does it weigh compared to the last?" Professor Makkonen asked.

"It usually depends on its width and the amount of moisture it contains, at which point the two are almost the same, from 64 to 63 pounds." explained the assistant.

"Yes, but it consumes a third of the power of its predecessor and also has a greater total distance: from ninety centimeters to two meters, instead of from fifty centimeters to a meter, so there is a difference." The professor said.

The assistant took the notebook and scribbled a few numbers.

"Maybe we should also increase the length in half, sir, for aerodynamic purposes."

"Exactly, Walter, now let's work." The professor answered.

ITALIAN

"Quanto velocemente funziona il motore?" Chiese il professor Makkonen, l'ingegnere dai capelli d'argento, mentre testava la sua ultima invenzione sul ponte Eliseu.

"Nove-tre nodi quadrati." disse l'assistente, che reggeva un grosso tachimetro.

"Quali sono i requisiti di altezza e peso per una profondità di otto chilometri sotto il livello del mare?"

"Quattro tonnellate e dieci piedi, signore.

"Ok, Ora, quanto pesa in confronto all'ultimo?" Chiese il professor Makkonen.

"Di solito dipende dalla sua larghezza e dalla quantità di umidità che contiene, ea quel punto i due sono quasi gli stessi, da 64 a 63 sterline." ha spiegato l'assistente.

"Sì, ma consuma un terzo della potenza del suo predecessore e ha anche una distanza totale maggiore: da novanta centimetri a due metri, invece che da cinquanta centimetri a un metro, quindi c'è una differenza." Disse il professore.

L'assistente prese il taccuino e scarabocchiò alcuni numeri.

"Orse dovremmo anche aumentare la lunghezza a metà, signore, per scopi aerodinamici."

"Esatto, Walter, ora lavoriamo." Rispose il professore.

Chapter 14

HOUSEHOLD

Keywords: Balcone, sedia, letto, stanza, forno, tetto, porta, sapone, porta, tenda, scrivania, dentifricio, bagno, scala, finestra, appartamento, muro, vasca, luce.

The house	La casa
The glass	Il vetro
The knife	Il coltello
The telephone	Il telefono
The cup	La tazza
The spoon	Il cucchiaio
The fountain	La fontana
The television	La televisione
The pan	Padella
The sofa	Il divano
The curtain	La tenda
The table	La tavola
The door	La porta
The carpet	Il tappeto
The desk	La scrivania
The chair	La sedia
The bed	Il letto
The kitchen	La cucina
The window	La finestra
The light	La luce
The key	Il tasto
The lamp	La lampada
The mirror	Lo specchio
The ceiling	Il soffitto
The floor	Il pavimento

TRAINING TIME

The wall	Il muro
The oven	Il forno
The bedroom	La camera da letto
The bathroom	Il bagno
My chandelier	Il mio lampadario
Your knives	I tuoi coltelli
My phone is big	Il mio telefono è grande
My spoons are white	I miei cucchiai sono bianchi
I have a bathtub	Ho una vasca da bagno
The cat is on the rug	Il gatto è sul tappeto
I am on the balcony	Sono sul balcone
We live in an apartment	Viviamo in un appartamento
I want my blanket	Voglio la mia coperta
My son wants a green bed	Mio figlio vuole un letto verde
The rugs are blue	I tappeti sono azzurri
My uncle lives in an apartment	Mio zio vive in un appartamento
I do not have a rug in the kitchen	Non ho un tappeto in cucina
The water is clear	L'acqua è limpida
You take the floor, I take the bed	Tu prendi il sofa, io prendo il letto
I use a chair	Io uso una sedia
He buys a tent	Lui compra una tenda
Today is a clear day	Oggi è un giorno limpido
The cats eat on the floor	I gatti mangiano sul pavimento
I read at the desk	Leggo alla scrivania
You open the door	Apri la porta

TRAINING TIME

We go in your tent	Andiamo nella tua tenda
The cake is in the refridgerator	La torta è nel frigrifero
Where is the furniture?	Dov'è il mobilio?
We do not have heating	Non abbiamo riscaldamento
I am at the gate	Io sono al cancello
She does not find her keys	Lei non trova le sue chiavi
The horses are at the gates	I cavalli sono ai cancelli
The lamp in the bathroom is green	La lampada nel bagno è verde
They do not have furniture	Non hanno mobili
They have the keys	Loro hanno le chiavi
Does the room have a telephone?	La stanza ha un telefono?
Where is the shampoo?	Dov'è lo sciampo?
We buy white pillows	Compriamo cuscini bianchi
The shampoos are in the bathroom	Gli sciampi sono nel bagno
The house with the red roof is my uncle's	La casa con il tetto rosso è di mio zio
Where are the mirrors?	Dove sono gli specchi?
I have a pillow for the bed	Ho un cuscino per il letto
How many telephones do you have?	Quanti telefoni hai?
Do you have a ladder?	Hai una scala?
The soap is on the bathtub	Il sapone è sulla vasca da bagno
I want a couch	Voglio un divano

The kitchen is yours	La cucina è tua
The walls are red	I muri sono rossi
We open the windows	Apriamo le finestre
The entrance is white	L'entrata e bianca

TRAINING TIME

The toys are on the carpet	I giocattoli sono sul tappeto
Why don't we find a toy for your son?	Perché non troviamo un giocattolo per tuo figlio?
Your family is at the table	La tua famiglia è al tavola
The bread is in the oven	Il pane è nel forno
My mother is in the shower	Mia madre è nella doccia
My mother is in the kitchen	Mia madre è in cucina
The windows are black	Le finestre sono nere
The cats are on the couches	I gatti sono sui divani
We wait in the courtyard	Aspettiamo nel cortile
Where is the toothpaste?	Dov'è il dentifricio?
Where are the bedsheets?	Dove sono le lenzuola?
Which razor is mine?	Quale rasoio è mio?
Do you have toothbrushes?	Avete spazzolini?
I have some red chairs	Ho delle seggiole rosse
Do you have a sponge?	Hai una spugna?

I take my toothbrush	Prendo il mio spazzolino
His chair	La sua seggiola
He has a red telephone	Ha un telefono rosso
Lorenzo eats at the table	Lorenzo mangia al tavolo
We do not have cups!	Non abbiamo tazze!
Luca sleeps in the bed	Luca dorme nel letto
I have your tv	Ho la tua tv
In the kitchen	In cucina
One cup of milk	Una tazza di latte
The walls	Le mura

TRAINING TIME

The bed sheet	Il lenzuolo
Which one is my window?	Qual è la mia finestra?
The baby sleeps in the crib	Il bambino dorme nella culla
The engineer buys a tool	L'ingegnere compra uno strumento
No, the bed is not Valentino's	No, il letto non è di Valentino
The pool does not have water	La piscina non ha acqua
Emilio reads in the chair	Emilio legge sulla sedia
I take some towels	Prendo degli asciugamani
I cannot find my toothbrush	Non trovo il mio spazzolino
Clean your room	Pulisci la tua stanza
The desk belongs to Angelo	La scrivania appartiene a Angelo
It is your desk	È la tua scrivania
I have a yellow sponge	Ho una spugna gialla

I have money in my desk	Ho soldi nella mia scrivania
Do you have a sponge?	Hai una spugna?
I see the sponge in the kitchen	Vedo la spugna in cucina
I have my wallet	Ho il mio portafoglio
I read in the basement	Ho letto nel seminterrato
The ladder is red	La scala è rossa
I see a bird on the roof	Vedo un uccello sul tetto
I do not have a dryer	Non ho un essiccatore
My brush is yellow	Il mio pennello è giallo
The walls are red	Le pareti sono rosse
Is it my room?	È la mia stanza?
Do you have a razor?	Hai un rasoio?

TRAINING TIME

I eat in my bedroom	Io mangio nella mia camera da letto
I do not have a refridgerator	Non ho un frigorifero
Alberto cleans the bathroom	Alberto pulisce il bagno
We have a dryer	Abbiamo un essiccatore
The washing machine	La lavatrice
I do not have a washing machine	Non ho una lavatrice
Does Sandro sleep on a chair?	Sandro dorme su una sedia?
Moya cooks chicken in the oven	Moya cucina pollo al forno
He wants a washing machine	Vuole una lavatrice

Do you want a sponge for your kitchen?	Vuoi una spugna per la tua cucina?
I need soap	Ho bisogno di sapone
The umbrellas are not ours	Gli ombrelli non sono nostri
The sheets are yellow	I fogli sono gialli
Do we have yellow soaps?	Abbiamo dei saponi gialli?
Sara eats soap!	Sara mangia il sapone!
The razor is blue	Il rasoio è blu
I fill up the cup with water	Riempio la tazza con acqua
The colors are natural	I colori sono naturali
The newspapers are recent	I giornali sono recenti
I am rich	Sono ricco
The next hour	L'ora successiva
The tea is natural	Il tè è naturale
It is a historic week	È una settimana storica
Who is next?	Chi è il prossimo?
Is the newspaper recent?	Il giornale è recente?

TRAINING TIME

STORY MODE

ENGLISH

Hererra: "What are you doing in the cellar?"

Solange: "I'm looking for my phone."

Hererra: "Have you checked behind this wall? I saw you standing by the window some time ago."

Solange: "I checked everywhere, inside the washing machine, on the table, everywhere."

Hererra: "Where did you last see it?"

Solange: "On top of a folded sheet in my room."

Hererra: "Try to remember your way from there."

Solange: "Well, I was cleaning the bathroom mirror when my father called. The call ended and I went to change the lamp from the ceiling of my room, then I remembered it was going to rain and I needed to clean the pool, so I checked the inside of the closet for an umbrella and some soap.

After that, I went back to the kitchen and opened the fridge for some juice. I left the phone near a cup and some dishes. There was also a knife on the kitchen table. I finished the glass of juice before returning to the room, where I decided to take a nap. This is what I remember."

Hererra: "Let's go back to the bedroom."

ITALIAN

Hererra: "Cosa stai facendo in cantina?"

Solange: "Sto cercando il mio telefono."

Hererra: "Hai controllato dietro questo muro? Ti ho visto in piedi vicino alla finestra qualche tempo fa."

Solange: "Ho controllato ovunque, all'interno della lavatrice, sul tavolo, dappertutto."

Hererra: "Dove l'hai visto l'ultima volta?"

Solange: "In cima a un foglio piegato nella mia stanza."

Hererra: "Cerca di ricordare la tua strada da lì."

Solange: "Beh, stavo pulendo lo specchio del bagno quando mio padre ha chiamato. La chiamata finì e io andai a cambiare la lampada dal soffitto della mia stanza, poi ricordai che stava per piovere e avevo bisogno di pulire la piscina, quindi controllai l'interno dell'armadio per un ombrello e del sapone.

Dopo di ciò, tornai in cucina e aprii il frigo per un po 'di succo. Ho lasciato il telefono vicino a una tazza e alcuni piatti. C'era anche un coltello sul tavolo della cucina. Ho finito il bicchiere di succo prima di tornare in camera, dove ho deciso di fare un pisolino. Questo è quello che ricordo."

Hererra: "Torniamo in camera da letto."

Chapter 15

ADJECTIVES

Keywords: Forte, pieno, comune, gratuito, strana, lunga.

Again?	Ancora?
The last	L'ultimo
The cold	Il freddo
It is not the same	Non é lo stesso
The woman is pretty	La donna é bella
She is not old	Lei non é vecchia
It is possible for her	È possibile per lei
Their uniform is new	La loro divisa è nuova
His answer is different from mine	La sua risposta è diversa dalla mia
It is the same	È lo stesso
He asks the impossible	Lui chiede l'impossibile
Be a good girl!	Fai la brava ragazza!
The national colors are green and yellow	I color nazionali sono verde e giallo
Are they tall?	Sono alte?
It is a good cake	È una buona torta
I am short	Io sono basso
We are not international	Non siamo internazionali
It is not expensive	Non è caro
My sister is famous	Mia sorella è famosa
The writer is not famous	La scrittrice non è famosa
Our toothpaste is cheap	I nostri dentifricio è economico
The bag is free	La borsa è gratuita
I am free today	Sono libera oggi
I know that you are rich	So che sei ricca
Do you have a foreign beer?	Avete una birra straniera?

TRAINING TIME

It is my daily bread	È il mio pane quotidiano
She is a modern mother	Lei è una madre moderna
I have an electric grill	Ho una griglia elettrica
She is popular	Lei è popolare
What is important for him?	Cos è importante per lui?
The horse is a useful animal	Il cavallo è un animale utile
It is an open question	È una domanda aperta
Are you interested?	Sei interessata?
Are we perfect?	Siamo perfetti?
Are you an only child?	Sei figlio unico?
I am capable	Io sono capace
The red apples are not special	Le melle rosse non sono speciali
He has an interesting costume	Lui ha un costume interesante
Your cousin has an interesting job	Sua cugina ha un lavoro interessante
You keep the window closed	Tu tieni la finestra chiusa
You are not the only one	Non sei l'unico
She is strong	Lei è forte
We are not difficult	Non siamo difficili
The mushroom soup has a strange taste	La zuppa ai funghi ha un gusto strano
My grandmother lives alone	Mia nonna vive da sola
The shark is dangerous	Lo squalo è pericoloso
My son is big	Mio figlio è grosso
I bring my heavy boots	Io prendo I miei stivali pesanti
The nights are long	Le notti sono lunghe
The next coffee is yours	Il prossimo caffè è tuo

TRAINING TIME

For her it is easy	Per lei è facile
I am full	Sono piena
I eat a whole chicken	Mangio un pollo intero
She is tough with them	Lei è dura con loro
My short dress is white and blue	Il mio vestito corto è azzurro e bianco
It is a normal newspaper	È un giornale normale
It is true	È vero
The breakfast is ready	La colazione è pronta
I am sure	Io sono sicuro
Your answer is correct	La tua risposta è giusta
He is a common man	Lui è un uomo comune
We decide because we are certain	Decidiamo perché siamo certi
Your answer is not clear	La tua risposta non è chiara
Our time is brief	Il nostro tempo è breve
The soup is getting cold	La zuppa diventa fredda
She is young and I am old	Lei è giovane ed io sono vecchio
It is hot today	Fa caldo oggi
February is a short month	Febbraio è un mese corto
Do they have hot sandwiches?	Hanno panini caldi?
Her question is difficult	La sua domanda è difficile
He is an excellent student	È uno studente eccellente
She sleeps in an empty room	Lei dorme in una stanza vuota
The curtain is dirty	La tenda è sporca
A cultural newspaper	Un giornale culturale
He is big and strong	Lui è grande e forte

TRAINING TIME

We are human	Siamo umani
The kitchen is not safe	La cucina non è sicura
We are tall and strong	Siamo alti e forti
I have enough clothes	Ho abbastanza vestiti
He is worse	Lui è peggio
I need dry clothes	Ho bisogno di vestiti asciutti
It is easy	È facile
Some juice please	Un po 'di succo per favore
He talks fast	Lu parla veloce
I am not a foreigner	Non sono straniero
The blanket is thin	La coperta è sottile
They have few books	Hanno pochi libri
He is a man of few words	È un uomo di poche parole
The curtains are thin	Le tende sono sottili
My daughter likes thin pasta	A mia figlia piace la pasta sottile
I have few books	Ho pochi libri
We drink rapidly	Beviamo rapidamente
The floor is dirty	Il pavimento è sporco
Her shampoo is expensive	Il suo shampoo è costoso
We are not difficult	Non siamo difficili
He has empty pockets	Ha le tasche vuote
We have a vacant room	Abbiamo una stanza libera
No, it is simple	No, è semplice
I think it is impossible	Penso che sia impossibile
I read a national newspaper	Ho letto un giornale nazionale

TRAINING TIME

He is an industrial chemist	È un chimico industriale
He is not familiar	Lui non è famoso
The national colors are green and yellow	I colori nazionali sono verdi e gialli
Her kitchen is industrial	La sua cucina è industriale
Yes, it is simple	Sì, è semplice
They are poor	Sono poveri
She is frank	Lei è sincera
What is the historical period?	Qual è il periodo storico?
The lemonade is natural	La limonata è naturale
They are not responsible	Non sono responsabili
The wall is permanent	Il muro è permanente
Because I am a bad man	Perché sono un uomo cattivo
I am poor	Sono povero
It is a historical week	È una settimana storica
They are not natural	Non sono naturali
You are frank	Sei sincero
We are not responsible	Noi non siamo responsabili
The juice is natural	Il succo è naturale
He is poor	Lui è povero
I have a beautiful duck	Ho una bella papera
They are good students	Sono dei bravi studenti
They eat from the same plate	Mangiano dallo stesso piatto
You do good work	Fai un buon lavoro
You are bilingual	Sei bilingue
The dress is pretty	Il vestito è carino

TRAINING TIME

They are young men	Sono giovani uomini
She has the same cups	Lei ha le stesse tazze
She is an old judge	Lei è un vecchio giudice
Good question	Buona domanda
The same soup	La stessa zuppa
The apples are good	Le mele sono buone
Is it helpful?	È utile?
It is a new book	È un nuovo libro
You are better than me	Sei migliore di me
The lamps are ugly	Le lampade sono brutte
My younger brother	Il mio fratellino
I am older than my sister	Sono più vecchio di mia sorella
No, you are the first	No, tu sei il primo
We are not new	Non siamo nuovi
We have the best	Abbiamo il meglio
We are the older siblings	Siamo i fratelli più grandi
Is he ugly?	È brutto?
Do you want new clothing?	Vuoi dei vestiti nuovi?
Yes, it is true	Sì è vero
You are a positive person	Sei una persona positiva
We are the last	Noi siamo gli ultimi
Yes, they are real	Sì, sono reali
It is not possible	Non è possibile
Yes, it is important	Sì, è importante
It is the final moment	È il momento finale

TRAINING TIME

You are not real!	Non sei reale!
My brothers are important	I miei fratelli sono importanti
He is a positive boss	Lui è un capo positivo
The last night is long	L'ultima notte è lunga
Tomorrow is my last day	Domani è il mio ultimo giorno
It is hard	È difficile
The shoes are necessary	Le scarpe sono necessarie
It is a public party	È una festa pubblica
The author walks alone	L'autore cammina da solo
You are popular with the children	Sei popolare con i bambini
You and I are different	Tu ed io siamo diversi
It is my personal telephone	È il mio telefono personale
He walks alone	Cammina da solo
A public bathroom	Un bagno pubblico
We are not popular	Non siamo popolari
No, they are not necessary	No, non sono necessari
The plate is hard	Il piatto è duro
They are public workers	Sono lavoratori pubblici
We are tall and strong	Siamo alti e forti
The main colors	I colori principali
He is an able man	Lui è un uomo capace
The animals are distinct	Gli animali sono distinti
I watch local television	Guardo la televisione locale
It is safe	È sicuro
The main door	La porta principale

TRAINING TIME

She is a strong person	Lei è una persona forte
We are different	Siamo diversi
She is your only sister	Lei è la tua unica sorella
It is not enough	Non è abbastanza
The following weeks	Le settimane seguenti
He is a professional actor	È un attore professionista
My own son	Mio figlio
She is worse than me	Lei è peggio di me
What is impossible?	Cosa è impossibile?
The dress is simple	Il vestito è semplice
I have my own dogs	Ho i miei cani
We are not professional actors	Non siamo attori professionisti
They have their own parties	Hanno le loro feste
He is bad	È cattivo
I am normal	Sono normale
They are not responsible	Non sono responsabili
I do not read as many books	Non leggo tanti libri
It is a clear night	È una notte limpida
You are responsible	Sei responsabile
She is a bad student	Lei è una cattiva studentessa
It is fair	È giusto
Your parents are rich	I tuoi genitori sono ricchi
I have a flat mirror	Ho uno specchio piatto
We are the next	Siamo il prossimo
It is a historic minute	È un minuto storico

TRAINING TIME

STORY MODE

ENGLISH

"Alvaro, let's play a game called 'objective statements.' The goal of the game is to make a statement using the word 'but' in five seconds, or drink from this bottle. I will start."

"He's sick, but the room is clean."

Rebecca: "The book is strange but special."

Alvaro: "The bottle is big, but the price is regular."

Rebecca: "It's old, but it's free to download."

Alvaro: "The powder is dark, but pure."

Rebecca: "Five is the minimum, but I have four."

Alvaro: "The maps are similar, but I'm lost."

Rebecca: "These shoes are good but not original."

Alvaro: "These bags are classic, but not superior."

Rebecca: "The car is dirty, but it's perfect."

Alvaro: "It's brilliant, but not famous."

Rebecca: "It's more difficult, but convenient."

Rebecca: "My boyfriend is sweet but also terrible."

ITALIAN

"Alvaro, facciamo un gioco chiamato 'dichiarazioni obiettive'. L'obiettivo del gioco è fare una dichiarazione usando la parola 'ma' in cinque secondi, o bere da questa bottiglia. Inizierò."

"È malato, ma la stanza è pulita."

Rebecca: "Il libro è strano ma speciale."

Alvaro: "La bottiglia è grande, ma il prezzo è regolare."

Rebecca: "È vecchio, ma è scaricabile gratuitamente."

Alvaro: "La polvere è scura, ma pura."

Rebecca: "Cinque è il minimo, ma io ho quattro"

Alvaro: "Le mappe sono simili, ma io sono perso."

Rebecca: "Queste scarpe sono buone ma non originali."

Alvaro: "Queste borse sono classiche, ma non superiori."

Rebecca: "La macchina è sporca, ma è perfetta."

Alvaro: "È brillante, ma non famosa."

Rebecca: "È più difficile, ma conveniente."

Rebecca: "Il mio ragazzo è dolce ma anche terribile."

Chapter 16

DETERMINERS

Keywords: Queste, troppo, certi, tutta, altro, ogni.

The new ones	I nuovi
The work	Il lavoro
The activity	L'attività
The possibility	La possibilità
She has too many cats	Lei ha troppi gatti
All the women are here	Tutte le donne sono qui
A bee is not a butterfly	Un'ape non è una farfalla
This book is too expensive	Questo libro è troppo caro
This tea is very good	Questo tè è molto buono
We have a red mirror	Abbiamo uno specchio rosso
These bags are red	Queste borse sono rosse
This carrot is sweet	Questa carota è dolce
These books are new	Questi libri sono nuovi
This automobile is like new	Quest'automobile è come nuova
Those two plumbers are cousins	Quei due idraulici sono cugini
That person is not my husband	Quella persona non è mio marito
She does not fit in that car	Lei non ci sta in quella macchina
That castle is white	Quel castello è bianco
Do you know that hotel?	Conosci quell'albergo
I know those women	Conosco quelle donne
The whole village cooks	Tutto il villagio cucina
She works all night	Lei lavora tutta la notte

I have a lot of oil	Ho parecchio olio
I have no friends	Non ho nessun amico
There are many people	Ci sono molte persone

TRAINING TIME

Do you remember those years?	Vi ricordate quegli anni?
He drinks a bottle of milk every morning	Lui beve una bottiglia di latte ogni mattina
I read several newspapers	Leggo alcuni giornali
I do not like those phones	A me non piacciono quei telefoni
Those shirts are too small for him	Quelle camicie sono troppo piccolo per lui
There are several shirts in the room	Ci sono alcune maglie nella stanza
There are several boys in the park	Ci sono alcuni ragazzi nel parco
Various women call every day	Diverse donne chiamano ogni giorno
There are various animals at the zoo	Ci sono diversi animali allo zoo
I do not want any parties for my wedding	Non voglio nessuna festa per il mio matrimonio
The waiter works in another bar	Il cameriere lavora in un altro bar
Certain things change with time	Certe cose cambiano col tempo
Certain people don't work like him	Certa gente non lavora come lui
Do you know some good stores?	Conosci qualche negozio buono?
I do not work with certain people	Con certa gente non lavoro

Too many things are not clear	Troppe cose non sono chiare
He drinks too much alcohol	Lui beve troppo alcol
He drinks too much beer	Lui beve troppa birra
Certain individuals do not eat vegetables	Certi individui non mangiano la verdura
We know many things	Sappiamo parecchie cose
There are too many people in the park	Ci sono troppe persone nel parco
Some women are more beautiful	Alcune donne sono più belle
We see all the animals at the zoo	Vediamo tutti gli animali allo zoo
We have several millions	Abbiamo parechi milioni
The whole family works on the farm	Tutta la famiglia lavora nella fattoria
I want whichever vegetable	Voglio qualunque verdura
Any seat will do	Qualsiasi seggiola va bene
You know, I do not have any family	Sapete, io non ho alcuna famiglia
They have another son	Loro hanno un altro figlio
I love him and my whole family	Amo lui e tutta la mia famiglia
Do you want another cup of tea?	Vuoi un'altra tazza di tè?
These apples are big	Queste mele sono grosse
Why do those men look at you?	Perché quegli uomini ti guardano?
She has too many boyfriends	Lei ha troppi fidanzati

TRAINING TIME

STORY MODE

ENGLISH

Carlos: "How many windows are there in this house? Everyone says it's eight, but I do not agree."

Matias: "My bathroom has no windows, so there are seven in total."

Carlos: "And the house in Valencia? How many in total?"

Matias: "Four."

Carlos: "Four? Considering the size of the rooms, you need a lot of ventilation."

Matias: "Some windows are very expensive, which makes it difficult to buy more than seven."

Carlos: "If you have your phone, you should take a look at some of the images on my site, each of which costs less than seventy dollars, I think they are accessible and of equal quality with that other brand."

* searches the Internet *

Matias: "These windows are beautiful, especially the two in the upper left corner, I like both."

Carlos: "I knew you would like it, and since I want you to be my first customer this month, I offer a 5% discount if you can afford both."

Matias: "Yes, I can, can I have your phone number?"

ITALIAN

Carlos: "Quante finestre ci sono in questa casa? Tutti dicono che sono otto, ma non sono d'accordo."

Matias: "Il mio bagno non ha finestre, quindi ce ne sono sette in totale."

Carlos: "E la casa a Valencia? Quanti ne hai in totale? "

Matias: "Quattro."

Carlos: "Quattro? Considerando le dimensioni delle stanze, hai bisogno di molta ventilazione."

Matias: "Alcune finestre sono molto costose, il che rende difficile l'acquisto di più di sette."

Carlos: "Se hai il tuo telefono, dovresti dare un'occhiata ad alcune delle immagini sul mio sito, ognuna delle quali costa meno di settanta dollari, penso che siano accessibili e di pari qualità con quell'altra marca."

Ricerche su Internet

Matias: "Queste finestre sono belle, specialmente le due nell'angolo in alto a sinistra, mi piacciono entrambe."

Carlos: "Sapevo che ti sarebbe piaciuto. E visto che voglio che tu sia il mio primo cliente questo mese, offro uno sconto del 5% se puoi permetterti entrambi."

Matias: "Sì, posso, posso avere il tuo numero di telefono?"

Chapter 17

ADVERBS

Keywords: Molto, poco, tanto, sopra, sotto, ovunque.

Okay	Va bene
Almost	Quasi
He eats a lot	Lui mangia molto
You're so strong	Sei così forte
Where are they from?	Di dove sono?
It is very expensive	E molto caro
I know where he comes from	So da dove viene lui
How heavy is your bag?	Quanto pesa la tua borsa?
Do you come from there?	Lei viene da li?
It is not very expensive	Non è molto caro
I work a lot during the week	Lavoro tanto in settimana
They live there	Vivono li
We know little about him	Sappiamo poco di lui
Is the spider under the cheese?	Il ragno è sotto il formaggo ?
The bird is above the zoo	L'uccello è sopra lo zoo
We are outside the restaurant	Siamo fuori il ristorante
For over a decade	Per oltre un decennio
I wait outside	Io aspetto fuori
Spring is here	La primavera è qua
They go inside with her	Vanno dentro con lei
She looks around	Lei guarda intorno
I go out after dinner	Vado fuori dopo cena
Then the women arrive	Poi arrivano le donne

You are here with us	Tu sei qui con noi
And then?	E poi?

TRAINING TIME

Me too	Anche io
I eat when I want	Io mangio quando voglio
Saturday comes before sunday	Sabato viene prima di domenica
You eat as much as you want	Voi mangiate quanto volete
The mailman's apartment is here	L'appartamento del postino è qui
Do you write to your parents often?	Scrivi spesso ai tuoi genitori
Spring comes after winter	La primavera viene dopo l'inverno
Your sister is beautiful as ever	Tua sorella è bella come sempre
My mother is better	Ma madre sta meglio
Fine, thank you	Bene, grazie
I am really sorry	Sono davvero spiacente
Thank you, they are very well	Grazie, stanno benissimo
My brother never drinks	Mio fratello non beve mai
I am fine	Io sto bene
Go anywhere you want	Vai ovunque vuoi
Not too sweet	Non troppo dolce
Do they come too?	Vengono anche loro?
It is almost noon	E quasi mezzogiorno
Are you alone?	Sei solo?
I do not eat too much	Non mangio troppo
I arrive right away	Io arrivo subito
I am not really sure	Io non sono veramente sicuro
They also live here	Pure loro vivono qui

Obviously, fruit is sweet	Ovviamente, la frutta è dolce
Then why are they here?	Allora perché sono qui?

TRAINING TIME

Are the plumbers still here?	Gli idraulici sono ancora qui?
It is absolutely impossible	È assolutamente impossibile
He is still here	Lui è ancora qui
It is completely green	È completamente verde
Just in time	Appena in tempo
The horse is still young	Il cavallo è ancora giovane
It is like this everywhere	È cosi ovunque
We are already in June	Siamo già a giugno
Do you have children already?	Hai già figli?
It is pretty interesting	È piuttosto interessante
The dates are not certain however	Le date tuttavia non sono certe
At least they eat at the table	Almeno mangiano a tavola
I do not eat meat, but I eat fish	Non mangio carne, pero mangio pesce
Anyway, it is not important	Comunque non è importante
Is it Friday already?	È già Venerdì?
There is a cat	C'è un gatto
You are just like your mother	Sei proprio come tua madre
We are going now	Andiamo stesso

Why do we not have even one fork?	Perché non abbiamo neanche una forchetta?
I write approximately a book per year	Io scrivo circa un libro all'anno
Do we go together?	Andiamo insieme?
There is an apple on the table	C'è una mela sul tavolo
It is just a mouse	È soltanto un topo
I speak mainly of them	Parlo sopratutto di loro
Today, I am sure	Oggi sono certo

TRAINING TIME

Very far	Molto lontano
Generally	Generalmente
No, currently no	No, attualmente no
It is finally here	Finalmente è arrivato
See you later	Arrivederci
See you soon	A presto
Of course, it is really him	Certo, è proprio lui
I am certain of the answer	Sono certo della risposta
March perhaps, but not April	Marzo forse, ma non Aprile
Maybe it is a chocolate cookie	Forse è un biscotto al cioccolato
Maybe she cooks dinner	Forse lei cucina la cena
Maybe it is true	Forse è vero
She is there	Lei è là
In general, it is white	In generale, è bianco
You write especially for us	Scrivi appositamente per noi
Finally, it is Friday	Finalmente è venerdì
Do you sleep a lot?	Dormi molto?

130

You are simply beautiful	Sei semplicemente bello
My sister never drinks	Mia sorella non beve mai
It is totally normal	È totalmente normale
I only have one shoe	Ho solo una scarpa
She walks around	Lei va in giro
He speaks really well	Parla molto bene
My brother never drinks	Mio fratello non beve mai
This is totally different!	Questo è completamente diverso!

TRAINING TIME

Completely	Completamente
Definitely	Decisamente
Exactly!	Esattamente!
I never swim	Non faccio mai il bagno
You truly are a good person	Sei veramente una brava persona
Yes, I go immediately	Sì, vado immediatamente
Maybe it is too much	Forse è troppo
Likewise, goodbye	Allo stesso modo, arrivederci
He probably arrives today	Probabilmente arriva oggi
Below the table	Sotto il tavolo
We go forward	Andiamo avanti
You are practically my brother	Sei praticamente mio fratello
Thank you, doctor, likewise	Grazie, dottore, allo stesso modo
Perhaps it is possible	Forse è possibile
My cat sleeps under the sofa	Il mio gatto dorme sotto il divano

The pig is below the table	Il maiale è sotto il tavolo
They are equally responsible	Sono ugualmente responsabili
They arrive immediately	Arrivano immediatamente
He only eats pasta	Mangia solo pasta
It is perfectly possible	È perfettamente possibile
She eats mainly sugar	Lei mangia principalmente zucchero
He is alone again	È di nuovo solo
Yes, very recently	Sì, molto recentemente
It is completely green	È completamente verde
She only eats fruit	Lei mangia solo frutta

TRAINING TIME

We are approximately here	Siamo approssimativamente qui
It is mainly sugar	È principalmente zucchero
You are perfectly capable	Sei perfettamente capace
We talked recently	Abbiamo parlato di recente
Younger, naturally	Più giovane, naturalmente
We drink quickly	Beviamo rapidamente
It is surely my elephant	È sicuramente il mio elefante
A horse runs rapidly	Un cavallo corre rapidamente
What are they exactly?	Cosa sono esattamente?

I am absolutely sure	Ne sono assolutamente sicuro
Yes, you are definitely better	Sì, sei decisamente meglio
Surely it is juice	Sicuramente è succo
Wednesday, normally	Mercoledì, normalmente
He walks slowly	Cammina lentamente
Not necessarily	Non necessariamente
She reads easily	Lei legge facilmente
It is possibly worse	Forse è peggio
His son hardly speaks	Suo figlio parla a malapena
It is relatively new	È relativamente nuovo
He eats slowly	Mangia lentamente
Normally, it takes years	Normalmente, ci vogliono anni
The past week	La settimana scorsa
The fridge is cheap	Il frigo è economico
You are barely a boy	Sei appena un ragazzo
It is not necessarily a person	Non è necessariamente una persona

TRAINING TIME

STORY MODE

ENGLISH

"Finally, it's Friday, will you still come to the club?" said Niko.

"Possibly." she answered.

"You'll miss if you do not go in. There will also be drinks and celebrities."

"It all depends on my sister, if she leaves, I'll go. Until then, I'm undecided." she replied.

"You have to decide now; the VIP section is one of the best in the world." Niko continued.

"I'm still undecided." she replied.

"It may be too late if you finally change your mind, and you'll never have a chance to see your favorite artist again." Niko said.

"All right, I'm going." she replied.

"I'll book it for you right away." said Niko.

ITALIAN

"Finalmente, è venerdì, verrai ancora al club?" ha detto Niko.

"Possibilmente." Lei rispose.

"Ti mancherai se non entri. Ci saranno anche bevande e celebrità."

"Dipende tutto da mia sorella, se lei se ne va, io entrerò. Fino ad allora, sono indeciso." rispose lei.

"Devi decidere adesso, la sezione VIP è una delle migliori al mondo." Niko continuò.

"Sono ancora indeciso." rispose lei.

"Potrebbe essere troppo tardi se finalmente cambi idea, e non avrai mai più la possibilità di vedere il tuo artista preferito di nuovo." ha detto Niko.

"Va bene, vado." rispose lei.

"Lo prenoterò subito per te." ha detto Niko.

Chapter 18

OBJECTS

Keywords: Automobile, oggeto, macchina, scatola, pettine, spazzola, regali, ruota, palla, cosa, occhiali.

The motor	Il motore
The pen	La penna
The map	La mappa
The bottle	La bottiglia
The computer	Il computer
The train	Il treno
The bicycle	La bicicletta
The ball	La palla
The key	Il tasto
A car	Un'automobile
The piece	Il pezzo
The radio	La radio
The airplane	L'aeroplano
The camera	La fotocamera
The battery	La batteria
The backpack	Lo zaino
The scissors	Le forbici
The card	La carta
The ship	La nave
The foot	Il piede
I want many things	Voglio molte cose
It is an old thing	È una cosa vecchia
I have cars	Ho delle macchine
The coin is big	La moneta è grande
My cellphone	Il mio cellulare

TRAINING TIME

A key	Una chiave
The money	I soldi
The magazine	La rivista
The newspaper	Il giornale
The bell	La campana
The cup	La tazza
The heads	Le teste
The bridge	Il ponte
The gold	L'oro
The chain	La catena
The paper	La carta
The dollar	Il dollaro
The things	Le cose
The movie	Il film
The document	Il documento
The cell phone	Il cellulare
The screen	Lo schermo
Do you keep a diary?	Tieni un diario?
Do you still have the brush?	Hai ancora la spazzola?
I have a diary too	Ho un diario anche io
Do they have a computer?	Hanno un computer?
A comb for the girls	Un pettine per le ragazze
I already have an envelope	Ho già una busta
The box is on the desk	La scatola è sulla scrivania
We have a box of cookies	Abbiamo una scatola di biscotti

TRAINING TIME

The coin	La moneta
The flag	La bandiera
The bill	Il conto
The automobile	L'automobile
The wheel	La ruota
The weapon	L'arma
The brush	La spazzola
The envelop	La busta
The comb	Il pettine
The diary	Il diario
The photograph	La fotografia
The weapons	Le armi
The picture	La foto
The leaf	La foglia
He wants some red glasses	Vuole degli occhiali rossi
We have a new fan for the summer	Abbiamo un ventilatore nuovo per l'estate
He is in really good shape	È davvero in buona forma
I have the perfect present	Ho il regalo perfetto
It is a little piece	È un piccolo pezzo
I see a keyboard	Vedo una tastiera
Today, I get my license	Oggi prendo la patente
I want the presents	Voglio i regali
I cannot find my license	Non trovo mio patente
My father has a flute and a violin	Mio padre ha un flauto e un violino
She always says the same thing	Dice sempre la stessa cosa

TRAINING TIME

The engine	Il motore
The alcohol	L'alcol
The handbag	La borsetta
Our bottle	La nostra bottiglia
The edge	Il bordo
The gold is mine!	L'oro è mio!
I write on sheets of whit paper	Scrivo su fogli bianchi
I have a wheel and an engine	Ho una ruota e un motore
You never have time for the important things	Non ha mai tempo per le cose importanti
It is a white sheet	È un foglio bianco
The car is out of gas	La macchina è senza benzina
I want a battery for my car	Io voglio una batteria per la mia automobile
Who has the instrument?	Chi ha lo strumento?
The ship is old	La nave è vecchia
My cousin's automobile is new	L'automobile di mio cugino è nuova
We have the cars	Abbiamo le automobile
The captains talk about the ships	I capitani parlano delle navi
It is my vehicle	È il mio veicolo
I have a code	Io ho un codice
Are you a machine?	Sei una macchina?
It is a column	È una colonna
We read newspapers now	Leggiamo i giornali ora
He always reads a magazine	Legge sempre una rivista
The girl writes many pages	La ragazza scrive molte pagine
She needs a part for the fridge	Ha bisogno di una parte per il frigo

TRAINING TIME

The battery	La batteria
She has a chain	Lei ha una catena
She has blue eyes	Lei ha gli occhi blu
We read newspapers	Leggiamo i giornali
What is the object in the bowl?	Cos'è l' oggetto nella ciotola?
Her clothes are unique pieces	I suoi vestiti sono pezzi unici
It is always a good thing	È sempre una buona cosa
He has a little bit of money	Ha un po 'di soldi
Does she have paper?	Ha carta?
I have a ball	Io ho una palla
I have cars	Ho delle macchine
Julio spreads butter on his feet	Julio spalma il burro in piedi
My suitcase is yellow	La mia valigia è gialla
I have the text	Ho il testo
The television is expensive	La televisione è cara
The watch is an object	L'orologio è un oggetto
He drinks in the afternoon	Beve il pomeriggio
He gives the money to the men	Dà i soldi agli uomini
The cat sleeps on top of the dog	Il gatto dorme sopra il cane
He produces expensive objects	Produce oggetti costosi
They pay a dollar	Pagano un dollaro
Dog food is expensive	Il cibo per cani è costoso
Do you have a cellphone?	Hai un cellulare?
The suitcase of my sister is big	La valigia di mia sorella è grande
Do you have a coin?	Hai una moneta?

TRAINING TIME

The photograph	La fotografia
The screen	Lo schermo
The eye	L'occhio
The head	La testa
The flag	La bandiera
The sources	Le fonti
The engine	Il motore
The weapon	L'arma
The wheel	La ruota
The powder	La polvere
The machine	La macchina
The pieces	I pezzi
The box	La scatola
The bottles	Le bottiglie
I need batteries	Ho bisogno di batterie
I do not like that thing	Non mi piace quella cosa
The lawyers deliver the papers	Gli avvocati consegnano i documenti
Who has the documents?	Chi ha i documenti?
Who else is on the boat?	Chi altro è sulla barca?
Do you have cameras?	Hai delle fotocamere?
My boat is blue	La mia barca è blu
Do you have a watch?	Hai un orologio?
The newspapers are recent	I giornali sono recenti
The document has many pages	Il documento ha molte pagine
I want a cheese sandwich, and a glass of water	Voglio un panino al formaggio e un bicchiere d'acqua

TRAINING TIME

The peace	La pace
The sector	Il settore
The movements	I movimenti
The research	La ricerca
The capacity	La capacità
The necessity	La necessità
The effect	L'effetto
The code	Il codice
I pay with a card	Io pago con una carta
It is a source of money	È una fonte di denaro
Do you have a pen?	Hai una penna?
It is a bell	È una campana
A big object	Un grande oggetto
It is not a clock	Non è un orologio
I need English magazines	Ho bisogno di riviste Inglesi
Personal objects	Oggetti personali
It is in dollars	È in dollari
It is my vehicle	È il mio veicolo
Does he go to work by bus?	Va a lavorare in autobus?
We have bicycles	Abbiamo biciclette
The colonel has a bomb	Il colonnello ha una bomba
I have pens	Ho delle penne
The monitor is big	Il monitor è grande
It is a bottle with a note	È una bottiglia con una nota
The beer is for the farmers	La birra è per gli agricoltori

TRAINING TIME

The weapons	Le armi
The spine	La spina
Are you a machine?	Sei una macchina?
She follows the rules	Lei segue le regole
She is clever	Lei è intelligente
The author reads about motors	L'autore legge sui motori
It is a bad piece	È un brutto pezzo
The wheels are white	Le ruote sono bianche
Bombs are bad	Le bombe sono cattive
He has a car	Ha una macchina
Which shoes fit you well?	Quali scarpe ti stanno bene?
She reads you a newspaper	Lei ti legge un giornale
I will see you later	Ci vediamo dopo
He follows me	Lui mi segue
I want you	Ti voglio
You eat an apple	Tu mangi una mela
These shoes do not fit me	Queste scarpe non mi stanno bene
You follow me	Tu mi segui
He looks at you	Lui ti guarda
We eat an orange	Mangiamo un'arancia
You talk to them	Tu parli con loro
They are intelligent, aren't they?	Sono intelligenti, no?
My shoes are expensive	Le mie scarpe sono costose
She blames us	Lei ci incolpa
The lamp is expensive	La lampada è costosa

TRAINING TIME

STORY MODE

ENGLISH

Alex: "Today we will learn about objects, starting with the pictures on the board. From left to right, each of you will name seven of the objects on the board, and then move on to a discussion of their uses.

Filippo! Let's start with you. Please begin."

Filippo: "Apple, ball, battery, bicycle, bell, bottle, box."

Gustavo: "Calendar, camera, car, cell phone, clock, computer, mug."

Valeria: "Dollar, flag, house, keys, map, paper, pen."

Olivia: "Image, radio, scissors, boat, suitcase, train, wheel."

ITALIAN

Alex: "Oggi impareremo a conoscere gli oggetti, iniziando dalle immagini alla lavagna. Da sinistra a destra, ognuno di voi nominerà sette degli oggetti sulla scacchiera e poi passerà a una discussione sui loro usi.

Filippo! Iniziamo con te. Per favore Inizia."

Filippo: "Mela, palla, batteria, bicicletta, campana, bottiglia, scatola."

Gustavo: "Calendario, macchina fotografica, macchina, cellulare, orologio, computer, tazza."

Valeria: "Dollaro, bandiera, casa, chiavi, mappa, carta, penna."

Olivia: "Immagine, radio, forbici, barca, valigia, treno, ruota."

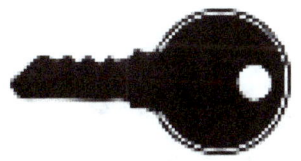

Chapter 19

PLACES

Keywords: Provincia, libreria, teatro, pasticceria, palazzo, ponte, angolo, parco, supermercato, posto, prigione, campo, stazione, piazza, strada, albergo, paese, museo.

The hotel	L'albergo
The restaurant	Il ristorante
The home	La casa
The school	La scuola
The library	La biblioteca
The airport	L'aeroporto
The mount	Il monte
The site	Il sito
The bridge	Il ponte
The corner	L'angolo
The center	Il centro
The field	Il campo
The bank	La banca
The church	La chiesa
The castle	Il castello
The zone	La zona
The markets	I mercati
The plaza	La piazza
The region	La regione
The theatre	Il teatro
The bar	Il bar
The yard	Il cantiere
The district	Il distretto
The office	L'ufficio
The building	L'edificio

TRAINING TIME

The prison	La prigione
The park	Il parco
The museum	Il museo
The island	L'isola
The garden	Il giardino
The municipality	Il comune
The avenue	Il viale
The lounge	La sala
The residence	La residenza
The coffee	Il caffè
The town	La città
The road	La strada
The beach	La spiaggia
The capital	La capitale
The courtroom	L'aula
I see the castles from my house	Vedo i castelli di casa mia
Are we in the same hotel?	Siamo nello stesso hotel?
Who enters the bookstore day?	Chi entra nel giorno del bookstore?
Our bakery is small	La nostra panetteria è piccola
The buildings are enormous	Gli edifici sono enormi
She buys bread from the bakery	Compra il pane dalla pasticceria
Where is the bookstore?	Dov'è la libreria?
Which bookstore sells his book?	Quale libreria vende il suo libro?
The new building is enormous	Il nuovo edificio è enorme
From the roof, we see the castle	Dal tetto, vediamo il castello
My dad has a bar	Mio papa ha un bar

It is a city on a hill	È una città su una collina
The family works in the fields	La famiglia lavora nei campi
At night, we go to the bar on the corner	Di notte, andiamo al bar all'angolo
I know the city well	Conosco bene la città
She runs in a field	Lei corre in un campo
The kitchen is at the center of the home	La cucina è al centro della casa
We live in a big region	Viviamo in una regione grande
Where is my place?	Dov'è il mio posto?
Do you see the entrance to the park?	Vedi l'entrata del parco
Which places do you want?	Quali posti volete?
I go in your place	Vado io al tuo posto
They are at the stadium	Sono allo stadio
An entire region	Una regione intera
What is the name of the international community?	Qual è il nome della comunità internazionale?
The new supermarket is here	Il nuovo supermercato è qui
Tomorrow, I go to the village	Domani, vado al villaggio
The theatres are big	I teatri sono grandi
Which streets lead to the city?	Quali strade portano alla città?
The towns are different	I paesi sono diversi
I go to a street	Vado verso una strada
We arrive from the station	Noi arriviamo dalla stazione
He works in a store	Lui lavora in un negozio
I have property there	Ho proprietà lì
I like castles	Mi piacciono i castelli

Square	Piazza
The bedroom	La camera da letto
The harbor	Il porto
The island	L'isola
The neighborhood	Il vicinato
The province	La provincia
The tower	La torre
The home	La casa
The road	La strada
The library	La biblioteca
The stadium	Lo stadio
The square	La piazza
The streets	Le strade
The theatre	Il teatro
The station	La stazione
We live in the neighborhood on the hill	Viviamo nel quartiere sulla collina
He has an old train conductor uniform	Lui ha una vecchia divisa ferroviaria
We see the palaces tonight	Vediamo I palazzi stanotte
The neighborhood women are beautiful	Le donne del quartiere sono belle
Today, we eat in the palace	Oggi, mangiamo nel palazzo
The party is in my neighborhood	La festa è nel mio quartiere
He lives in an important palace	Lui vive in un palazzo importante
It is the city of churches	È la città delle chiese
The cities	Le città
Rebecca eats in the restaurant	Rebecca mangia nel ristorante
He wants the land	Lui vuole la terra

TRAINING TIME

The colony	La colonia
The gallery	La galleria
The continent	Il continente
He visits the institution	Visita l'istituzione
It is my area	È la mia area
Welcome to my restaurant	Benvenuto nel mio ristorante
Welcome to the hotel	Benvenuti in hotel
Angelo walks on the beach	Angelo cammina sulla spiaggia
Ana is in the yard	Ana è nel cortile
Rebecca is in the garden	Rebecca è in giardino
Where is the train to Madrid?	Dov'è il treno per Madrid?
I have a house in each country	Ho una casa in ogni paese
The place seems huge	Il posto sembra enorme
It is his zone	È la sua zona
I am in the city	Sono in città
My houses do not have roofs	Le mie case non hanno tetti
The cities are not good	Le città non sono buone
The places are small	I posti sono piccoli
The buildings are big	Gli edifici sono grandi
Adriana plays in the park	Adriana suona nel parco
Where is the museum?	Dove si trova il museo?
It is an important avenue	È una strada importante
Africa is not a country	L'Africa non è un paese
We walk in the square	Camminiamo nella piazza

The plaza is big and pretty	La piazza è grande e carina

TRAINING TIME

The nation	La nazione
The areas	Le aree
The terrain	Il terreno
My uncle has a house in Italy	Mio zio ha una casa in Italia
The community speaks English	La comunità parla inglese
She goes to the university	Lei va all'università
She knows a lot about banks	Lei sa molto sulle banche
We talked about these regions	Abbiamo parlato di queste regioni
We are a large community	Siamo una grande comunità
We walk by the road	Camminiamo lungo la strada
The banks are white	Le banche sono bianche
It is a good hospital	È un buon ospedale
In the coast	Nella costa
It is an important port	È un porto importante
My sister goes to the institute	Mia sorella va all'istituto
It is the best institution of the country	È la migliore istituzione del paese
The institutions count on us	Le istituzioni contano su di noi

TRAINING TIME

STORY MODE

ENGLISH

Angelo: "I need a new place to relax after a long day, before going home. Do you have any suggestions?"

Ana: "This is not a problem in this city, there is a long list of places, some of which include the museum, art galleries, state libraries, shopping centers and many bars and restaurants.
If you like nature, you can go to the national park."

Angelo: "Where is it?"

Ana: "It's near the cooking school and the airport in Zone 6. Just a few blocks west of the university gate and the hospital building."

Angelo: "I need a place closer to my house, this distance is too far for me."

Ana: "Alternatively, you can visit the castle of El Maria, in a quiet area not far from your office, there is also the Torre de Santa Maria, owned by the Santa Maria family. It also has a bar and a small, private beach."

Angelo: "How do I get there?"

Ana: "It's just around the corner from Osvaldo Avenue, the second street just after the urban development institute."

ITALIAN

Angelo: "Ho bisogno di un nuovo posto per rilassarsi dopo una lunga giornata, prima di andare a casa. Hai qualche suggerimento?"

Ana: "Questo non è un problema in questa città, c'è una lunga lista di luoghi, alcuni dei quali includono il museo, le gallerie d'arte, le biblioteche statali, i centri commerciali e molti bar e ristoranti. Se ti piace la natura, puoi andare al parco nazionale."

Angelo: "Dov'è?"

Ana: "È vicino alla scuola di cucina e all'aeroporto nella Zona 6. A pochi isolati a ovest del cancello dell'università e dell'edificio dell'ospedale."

Angelo: "Ho bisogno di un posto più vicino a casa mia, questa distanza è troppo lontana per me."

Ana: "In alternativa, puoi visitare il castello di El Maria, in una zona tranquilla non lontano dal tuo ufficio, c'è anche la Torre de Santa Maria, di proprietà della famiglia Santa Maria. Ha anche un bar e un piccolo, privato spiaggia."

Angelo: "Come ci arrivo?"

Ana: "È proprio dietro l'angolo di Osvaldo Avenue, la seconda strada subito dopo l'istituto di sviluppo urbano."

Chapter 20

PEOPLE

Keywords: Adulto, umani, persona, cittadino, gente.

The people	La gente
The lady	La signora
The queen	La regina
The citizen	Il cittadino
The neighbors	I vicini
The victim	La vittima
The prisoner	Il prigioniero
The individual	L'individuo
The colleague	Il collega
We have a group of friends	Abbiamo un gruppo di amici
What do we give to the adults and to the children?	Cosa diamo agli adulti e ai bambini?
I love my fiance	Amo il mio fidanzato
They are the same age	Hanno la stessa età
The children in my family are tall	I ragazzi nella mia famiglia sono alti
The crowd waits for an answer	La folla aspetta una risposta
We are individuals	Noi siamo individui
You are an adult now	Sei un adulto ora
The next coffee is yours	Il prossimo caffè è tuo
I am not a guest	Io non sono un ospite
He is my partner	Lui è il mio compagno
The police officers search for a dangerous person	I poliziotti cercano una persona pericolosa
The famous wedding is next week	Il famoso matrimonio è la prossima settimana
We are the next	Siamo il prossimo
It is childish!	È infantile!

The unions are large	I sindacati sono grandi

TRAINING TIME

My son is only a teenager	Mio figlio è solo un adolescente
The city's population is big	La popolazione della città è grande
Who is next?	Chi è il prossimo?
I am a child	sono un bambino
She is not my fiancée!	Lei non è la mia fidanzata!
What do the people think?	Cosa pensa il popolo?
The citizens listen to his answers	I cittadini ascoltano le sue risposte
The new generations understand	Le nuove generazioni capiscono
I am not a common individual	Io non sono un individuo comune
She has a strong personality	Lei ha una personalità forte
Good evening ladies and gentlemen	Buonasera signore e signori
His father meets the bride	Suo padre incontra la sposa
We are not colleagues	Non siamo colleghi
We are not citizens	Non siamo cittadini
I have a special relationship with my aunt	Ho un rapporto speciale con mia zia
She is our neighbour	Lei è la nostra vicina
A woman is not always a lady	Una donna non è sempre una signora
Your wife is Italian	Tua moglie è Italiana
What is a revolution?	Cos'è una rivoluzione?
I have a girlfriend	Ho una ragazza
She is a person	Lei è una persona

It is my culture	È la mia cultura
We are good people	Siamo brave persone
He goes to the union	Lui va al sindacato
Humanity is unique	L'umanità è unica

TRAINING TIME

The farmers	Gli agricoltori
The citizens	I cittadini
My mates	I miei compagni
The boys train at the stadium	I ragazzi si allenano allo stadio
She does not have enemies	Lei non ha nemici
The child drinks grape juice	Il bambino beve succo d'uva
Who are the teenagers?	Chi sono gli adolescenti?
The lady is responsible	La signora è responsabile
She is a woman of character	Lei è una donna di caraterre forte
The audience hears	Il pubblico ascolta
Your sister is my bride	Tua sorella è la mia sposa
The humans eat meat	Gli umani mangiano carne
The crowd listens to the king	La folla ascolta il re
You have good customs	Hai buone abitudini
When is the wedding?	Quando è il matrimonio?
What is a citizen?	Cos'è un cittadino?
The guests also work	Anche gli ospiti lavorano
Gilberto is a person	Gilberto è una persona
The people look	Le persone guardano

You have no culture	Non hai cultura
They are good people	Sono brave persone
The dog is man's best friend	Il cane è il migliore amico dell'uomo
Are we a couple?	Siamo una coppia?
He goes not know his age	Non dimostra la sua età
What a beautiful habit	Che bella abitudine

TRAINING TIME

They only think about freedom	Pensano solo alla libertà
The group visits the hospital	Il gruppo visita l'ospedale
They are the new neighbours	Sono i vicini nuovi
The revolution starts now!	La rivoluzione inizia adesso!
He is my colleague at work	Lui è il mio collega al lavoro
He is one of my neighbours	Lui è uno dei miei vicini
We are hardworking	Siamo laboriosi
The cat is a nice animal	Il gatto è un animale simpático
My uncle writes about tourism	Mio zio scrive sul turismo
The older man is important	L'uomo più anziano è importante
No, he is not my boyfriend	No, non è il mio ragazzo
She is a very interesting person	Lei è una persona molto interessante
To the general population	Alla popolazione generale
He is my roommate	Lui è il mio compagno di stanza

They are small adults	Sono piccoli adulti
Are you a victim?	Sei una vittima?
It is an individual	È un individuo
You are already adults	Sei già un adulto
She watches the girls	Lei guarda le ragazze
It is bad for humanity	È cattivo per l'umanità
Nor i	Nemmeno io
Do you have enemies?	Hai nemici?
They study tourism	Studiano il turismo
They are officers	Sono ufficiali
I have an enemy	Ho un nemico

TRAINING TIME

We have an association	Abbiamo un'associazione
Besides, we do not have witnesses	Inoltre, non abbiamo testimoni
He is always a gentleman	Lui è sempre un gentiluomo
My cousins go to the fair	I miei cugini vanno in fiera
I do not want wine but I want water	Non voglio vino ma voglio l'acqua
I am an eyewitness	Sono un testimone oculare
Why doesn't the youth study?	Perché e i giovani non studiano?
It is not a good marriage	Non è un buon matrimonio
I do not pay for my friends	Non pago per i miei amici
We are the victims here	Noi siamo le vittime qui

TRAINING TIME

STORY MODE

ENGLISH

Reporter: "There are so many people at this year's carnival, I've already seen my neighbor and a colleague with their national flags, let me go to the farmer's section and talk to some of the people there."

"Hi guys, and welcome to the 24th annual Green Carnival, how are you guys today?"

Tourist 1: "We are doing quite well, we are enjoying the fair."

Reporter: "Good to know, can I ask you about your costumes? What's the theme?"

Tourist 1: "We are citizens of Portugal, a country with a population of eleven million people and we have a unique culture. In response to your second question, our theme for this year is 'Tourism for humanity'."

Tourist 2: "We both witnessed the destructive power of hurricanes in person, and so we decided to help create awareness and also travel in search of donations for their victims."

ITALIAN

Reporter: "Ci sono così tante persone al carnevale di quest'anno, ho già visto il mio vicino e un collega con le loro bandiere nazionali, lasciami andare nella sezione del contadino e parlare con alcune delle persone lì."

"Salve ragazzi, e benvenuti al 24° Carnevale verde annuale, come state ragazzi oggi?"

Tourist 1: "Stiamo andando abbastanza bene, stiamo godendo la fiera."

Reporter: "Buono a sapersi, posso chiederti dei tuoi costumi? Qual è il tema?"

Tourist 1: "Siamo cittadini del Portogallo, un paese con una popolazione di undici milioni di persone e abbiamo una cultura unica. In risposta alla tua seconda domanda, il nostro tema per quest'anno è "Turismo per l'umanità."

Tourist 2: "Entrambi abbiamo assistito al potere distruttivo degli uragani di persona, e così abbiamo deciso di aiutare a creare consapevolezza e anche a viaggiare in cerca di donazioni per le loro vittime."

Chapter 21

NUMBERS

Keywords: Numero, uno, due, tre, quattro, cinque, sei, sette, otto, nove, dieci, undici, dodici, tredici, quatordici, quindici, sessanta, settanta, mille, milione, venti.

One	Uno
Two	Due
Three	Tre
Four	Quattro
Five	Cinque
Six	Sei
Seven	Sette
Eight	Otto
Nine	Nove
Ten	Dieci
Eleven	Undici
Twelve	Dodici
Thirteen	Tredici
Fourteen	Quattordici
Fifteen	Quindici
Two and four are six	Due e quattro sono sei
Two and six are eight	Due e sei sono otto
Five women	Cinque donne
They see six elephants	Vedono sei elefanti
Four apples	Quattro mele
Page five	Pagina cinque
We have eight pages	Abbiamo otto pagine
I have four dollars	Ho quattro dollari
Five apples	Cinque mele
I have two sisters	Ho due sorelle

TRAINING TIME

Twenty	Venti
Thirty	Trenta
Fourty	Quaranta
Who is number one?	Chi è il numero uno?
Three is a prime number	Tre è un numero primo
His aunt has three cats	Sua zia ha tre gate
She is my third girlfriend	Lei è la mia terza fidanzata
I wait a second	Aspetto un secondo
He is her first child	Lui è il suo primo figlio
The station is two metres from here	La stazione è a due metri da qui
You do not want a second bowl of rice	Non vuoi una seconda ciotola di riso
His first pink shirt	La sua prima maglietta rosa
He is the sixth of seven children	È il sesto di sette figli
The recipe is for six people	La ricetta è per sei persone
He comes here at six and not before	Lui viene qui alle sei e non prima
The fourth plate of pasta is for him	Il quarto piatto di pasta è per lui
What do the four boyfriends eat?	Cosa mangiano i quattro fidanzati?
Thanks a lot!	Grazie mille!
Fifty or forty?	Cinquanta o quaranta?
I have eighteen horses	Io ho diciotto cavalli
From zero to ten	Da zero a dieci
He is the ninth boy in the family	È il nono ragazzo in famiglia
My son is ten years old	Mio figlio ha dieci anni
We are eleven people	Siamo undici persone

He has twelve sons	Ha dodici figli

TRAINING TIME

Half	Metà
Meters	Metri
I have some money	Io ho un po 'di soldi
He is the eight grandchild	È l'otto nipote
I have thirteen cats	Ho tredici gatti
Fourteen cousins	Quattordici cugini
I am fifteen years old	Ho quindici anni
The next twelve hours	Le prossime dodici ore
Why don't you come to his sixth birthday	Perché non vieni al suo sesto compleanno?
Is there a table for five people?	C'è un tavolo per cinque persone
We are eight in total	Noi siamo otto in totale
We arrive in tenth place	Arriviamo al decimo posto
Ten minutes	Dieci minuti
The number is high	Il numero è alto
He is barely seventeen years old	Ha appena diciasette anni
I study from eight to eleven	Io studio dale otto da undice
I make tea around three in the afternoon	Preparo il tè verso le tre del pomeriggio
At twelve years, a dog is old	A dodici anni, un cane è vecchio
I have fourteen white shirts	Ho quattordici camicie bianche
I go to bed at eleven	Vado a letto alle undici
We have twenty horses	Abbiamo venti cavalli

They eat some apples	Mangiano delle mele
Half of six is three	La metà delle sei è tre
It is ten thirty	Sono le dieci e trenta
The fifth bridge goes to the museum	Il quinto ponta va al museo

TRAINING TIME

Millón	Millon
Four men	Quattro uomini
A pair of shoes	Un paio di scarpe
Seventy-one carrots	Settantuno carote
It is a million dollars	È un milione di dollari
My aunt is about forty years old	Mia zia ha circa quarant'anni
I am from the eighties	Sono degli anni ottanta
I read for ninety minutes	Leggo per novanta minuti
The cake remains in the oven for sixty minutes	La torta rimane in forno per sessanta minuti
A metre	Un metro
The third	Il terzo
Today is the third day	Oggi è il terzo giorno
It is your half	È la tua metà
At the moment, he is eighth	Al momento, è l'ottavo
We have been waiting for around sixty years	Aspettiamo da circa sessant'anni
I am almost seventy years old	Ho quasi settant'anni
The seventy men eat the chicken	I settanta uomini mangiano il pollo
He remembers the seventies	Lui ricorda gli anni settanta

The next week is my last week	La prossima settimana è la mia ultima settimana
I do not have any answers	Non ho alcuna risposta
The museum opens at nine	Il museo apre alle nove
They ask at least one million	Chiedono almeno un milione
Five meters	Cinque metri
Thousands of kilometers	Migliaia di chilometri
Seven is her number	Sette è il suo numero

TRAINING TIME

One hundred of them are very well	Cento di loro stanno benissimo
Five teachers	Cinque insegnanti
You have a thousand friends	Hai mille amici
He is twice my age	Lui ha il doppio della mia età
There are many people here	Ci sono molte persone qui
How much bigger than him are you?	Di quanto sei più grande di lui?
My uncle's car is smaller	La macchina di mio zio è più piccola
Ten minus four equals six	Dieci meno quattro fa sei
He has less than five brothers	Lui ha meno di cinque fratelli
We have enough time	Abbiamo abbastanza tempo
She buys few dresses	Lei compra pochi vestiti

Why so do many people die?	Perché muore tanta gente?
We eat half of the bread	Mangiamo metà del pane
He eats tons of fish	Mangia tonnellate di pesce
His pair of shoes is blue	Il suo paio di scarpe è blu
I eat dinner at nine	Mangio la cena alle nove
Now she is eighteen years old	Ora ha diciotto anni
Do you have anything bigger?	Hai qualcosa di più grande?
The seventh day of the week is Saturday	Il settimo giorno della settimana è sabato
The fifth Sunday of the month	La quinta domenica del mese
Five white cars	Cinque macchine bianche
The cook has forty kilograms of meat	Il cuoco ha quaranta chilogrammi di carne
She goes to the supermarket for the ninth time	Lei va al supermercato per la nona volta
We are in the same city thirty years later	Siamo nella stessa città trent'anni dopo
Twenty families live here	Venti famiglie vivono qui
Thirty-six oranges from Asia	Trentasei arance dall'Asia
Maria has fourty four penguins	Maria ha quarantaquattro pinguini
Thirty-five people from Italy	Trentacinque persone dall'Italia
Marco has fourty three animals	Marco ha quaranta tre animali
The man is sixty years old	L'uomo ha sessant'anni

My girlfriend is nineteen years old	La mia fidanzata ha diciannove anni
This evening, he is seventh	Stasera, lui è settimo
I drink coffee at one in the afternoon	Bevo caffè all'una del pomeriggio
My son is sixteen	Mio figlio ha sedici anni
She has two thousand books	Lei ha duemila libri
It is a good pair of shoes	È un buon paio di scarpe
The city has a population of two million people	La città ha una popolazione di due milioni di persone

TRAINING TIME

STORY MODE

ENGLISH

"Can you remember what we were learning yesterday, Patrice?" Niko said.
"If you can, half of my work will be over, if you can not, you should redouble your efforts if you want to pass the exam."
"Yes, I can," said Patrice.
"Great! let's move on."
"Two plus two is four, three plus one is four, one plus three is equal to four, eight divided by two is equal to four"
"Good, now let's focus on more of them, starting with number 6. What can you tell me about the number six?" Niko said.
"Six plus one equals seven, six plus three equals nine, six plus four equals ten, seven plus six equals thirteen, six plus six equals twelve and six plus four equals ten."
"Well done Patrice, now answer these questions, if I have fourteen followers on Snapchat and you have fifteen, what is the total sum of both followers?"
"Twenty-nine followers." Patrice answered.

ITALIAN

"Riesci a ricordare cosa stavamo imparando ieri, Patrice?" Disse Niko.

"Se puoi, metà del mio lavoro sarà finita, se non puoi, dovresti raddoppiare i tuoi sforzi se vuoi passare l'esame."

"Sì, posso." disse Patrice.

"Bene! andiamo avanti."

"Due più due è quattro, tre più uno è quattro, uno più tre è uguale a quattro, otto diviso per due è uguale a quattro."

"Bene, ora concentriamoci su più di loro, a partire dal numero 6. Cosa puoi dirmi del numero sei?" Disse Niko.

"Sei più uno è uguale a sette, sei più tre è uguale a nove, sei più quattro è uguale a dieci, sette più sei è uguale a tredici, sei più sei è uguale a dodici e sei più quattro è uguale a dieci."

"Ben fatto Patrice, ora rispondi a queste domande, se ho quattordici follower su Snapchat e ne hai quindici, qual è la somma totale di entrambi i follower?"

"Ventinove seguaci." rispose Patrice.

**10 20 30 40 50
60 70 80 90 100**

END OF BOOK ONE

For the complete experience, please get the other books in the series

#THESIMPLESTWAYTOLEARNITALIAN

For updates on the next book, or if you'd just like to discuss this one, we're available on twitter as the @BadCreativ3, and on facebook www.facebook.com/BadCreativ3

OTHER BADCREATIVE BOOKS

The Simplest Way To Learn French

The Simplest Way To Learn Spanish

The Simplest Way To Learn Portuguese

Thank you for purchasing, and don't forget to drop us a review on our Amazon page.